T0340857

Teoría Musical y Armonía Moderna

Vol. II

Enric Herrera

Teoría Musical y Armonía Moderna

Vol. II

Editado por
Antoni Bosch, editor

Distribuido por
Music Distribución

INDICE

Antoni Bosch editor
Manacor, 3 - 08023 Barcelona, España
Tel. (+34) 93 206 07 30
info@antonibosch.com
www.antonibosch.com

ISBN: 978-84-85855-45-2
Depósito legal: B-27.211-2009

Impresión: Prodigitalk

Impreso en España
Printed in Spain

I. EL SISTEMA DE CIFRADOS

Desgraciadamente, al no existir un sistema único para indicar los acordes, se crean confusiones en algunas ocasiones ya que se mezclan distintos criterios: cifrados equivocados, cifrados inventados a fin de indicar una determinada disposición de un acorde o simplemente distintos signos para indicar el mismo acorde.

Un cifrado adecuado es el que trata de representar el intento original del compositor, función tonal del acorde, además de ser lo más sencillo y claro posible.

El sistema más común es el usado en este libro, cuyo proceso fue ya sintetizado en el primer volumen, y aquí simplemente se amplía y se comentan los casos especiales.

1.1 ACORDES TRIADAS

Todos los acordes, no sólo los tríadas, vienen definidos por una letra mayúscula que corresponde a la nota fundamental del acorde que se desea representar; si el acorde es un tríada perfecto mayor (1,3,5) nada debe añadirse a este cifrado; si el tríada es perfecto menor se añade el signo " − ", o, una "m" minúscula, aunque no tan frecuentemente.

Si el tríada es disminuido se añade "dis" como abreviación de "disminuido", o "dim" del inglés "diminished"; si el tríada es aumentado el signo que se añade es " + " o " ♯ 5", con lo que los cuatro acordes tríadas quedan perfectamente definidos.

Aunque pueden producirse otras agrupaciones con tres notas, debe tenerse en cuenta que con un cifrado lo que se indica es la armonía del momento

9

y no una determinada disposición o estructura. O sea, que con el cifrado "C", por ejemplo, lo que se indica es el acorde perfecto mayor cuya fundamental es la nota Do, que debe tocarse en estado fundamental pero dejando la posición o disposición en manos del intérprete.

Así, por ejemplo, cuando escribimos un cifrado para un guitarrista, éste tocará el acorde indicado en cualquiera de las disposiciones que él conozca según su nivel como instrumentista. Y si se desea, en una determinada disposición se debe recurrir a la escritura específica.

Las agrupaciones de notas que no implican ninguno de los acordes tríadas descritos, normalmente implicarán otro acorde en una determinada inversión. Así, por ejemplo, si se desea cifrar las notas Do, Re, Fa, lo mejor será cifrar D–/C y con ello se indicará una inversión del acorde D–7, o un acorde híbrido de fundamental Do. La agrupación de notas que no forman un acorde regular no será absoluta casi nunca. En D–/C además de las notas deseadas, también se implica la nota La. En algunos casos se pueden encontrar cifrados con la abreviación "omit", de omitir. Así pues, una solución sería D–/C omit 5, aunque cuando un cifrado empieza a no ser lo claro y preciso que debiera, lo mejor será recurrir a la escritura específica.

La suspensión sobre el cuarto grado de un acorde perfecto mayor se indica normalmente con un "4" después de la letra mayúscula definitoria del acorde.

Tal y como se explica en el capítulo correspondiente, los acordes formados por cuartas también usan esta nomenclatura, pero allí, al indicar la escala fuente, queda clara la diferencia, por lo que no debería producirse ninguna confusión.

Cuando los acordes tríadas están invertidos, el proceso de cifrarlos es el de indicar el acorde con el signo que le corresponda seguido de la nota en letra mayúscula que se desea en la inversión, separada del cifrado por un guión inclinado. Así, C/E indicará un acorde perfecto mayor construido sobre la nota Do y en primera inversión, o sea con la nota Mi como más grave.

Es necesario insistir en que un acorde invertido es el que tiene una de sus notas, tercera, quinta, o séptima en el caso de los acordes cuatríadas, como nota más baja, y que cuando un cifrado indica un acorde con una nota en el bajo que no es ninguna nota del acorde, no se está cifrando una inversión sino un acorde híbrido. Aunque también es posible que sea simplemente un acorde mal cifrado.

1.2 ACORDES CUATRIADAS

Los cifrados para representar estos acordes están basados en los utilizados para los tríadas, añadiendo uno o varios signos para indicar la clase de séptima.

Un "7" no cruzado normalmente indica séptima menor, y "Maj7" indica séptima mayor.

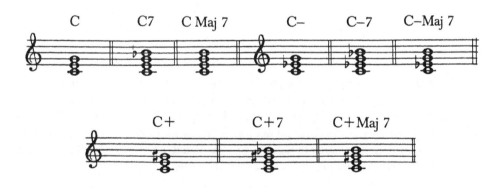

En el caso del acorde mayor con la quinta aumentada, aunque el cifrado señalado es común, quizá es más indicado añadir a la raíz del cifrado que representa el acorde cuatríada un sostenido y un 5.

El acorde de séptima disminuida se cifra añadiendo un "7" al cifrado del tríada correspondiente. Debido a que dicho acorde es único (ningún otro acorde tiene la séptima disminuida), no se puede crear confusión.

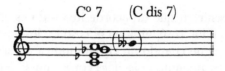

La especie restante entre los acordes cuatríadas, deriva del acorde perfecto menor con séptima menor, al que se le rebaja su quinta y se le cifra normalmente a partir del cifrado correspondiente al acorde raíz, añadiendo "b5" entre paréntesis.

Este acorde se puede encontrar en algunos métodos con un cifrado derivado de su posible relación con el acorde tríada disminuido, al que se le habría añadido una séptima menor. Los que así lo consideran lo cifran como "C ø 7" y lo denominan acorde semidisminuido, sin entrar en lo acertado o no de esta consideración, lo más usual es el cifrado derivado del acorde perfecto menor, indicado anteriormente.

Otros cifrados existen además de los citados hasta el momento, pero dadó que su uso es muy limitado, no merece la pena entrar en su análisis.

1.3 ACORDES DE CINCO O MAS NOTAS

Estos acordes están derivados de los cuatríadas a los que se les añade una nueva tercera encima. Lo normal es pues, que su cifrado también provenga del de éstos. Así, (b9) indicará novena menor, (9) novena mayor, y (♯9) novena aumentada.

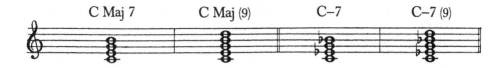

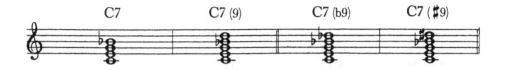

Aunque teóricamente a cualquier especie de acorde cuatríada se le puede superponer una tercera para formar un acorde de cinco notas, la expansión de los cuatríadas está limitada a la de las tensiones disponibles según la especie, debido a razones de uso en unos casos y a lo artificial del resultado en otros.

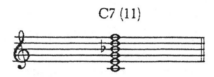

Este acorde, se puede formar sobre el quinto grado de una escala mayor, pero en la práctica, la difícil sonoridad que se crea entre la tercera del acorde y la onceava, hace que el acorde prescinda normalmente de una u otra, quedando así convertido en C7(9) o en C7sus4(9).

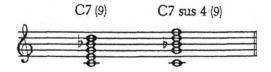

En otros casos y dentro de las escalas convencionales, algunos acordes resultarían imposibles. Así, por ejemplo, CMaj7(b9) sólo se puede formar sobre una escala artificial.

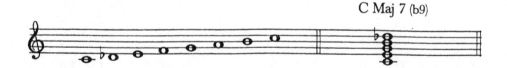

Así pues, lo normal será encontrar los acordes cuatríadas expandidos a través de sus tensiones consideradas como normales.

Es costumbre, sobre todo en jazz a partir de la época "be-bop", considerar a todos los acordes de cinco a siete notas según el caso, por lo que en el cifrado estas expansiones no se indican, ya que con el cifrado del acorde cuatríada raíz quedan asumidas las tensiones según la función tonal del acorde[1].

El cifrado C9 merece comentario por su confusión. Para la mayoría, éste es indicativo de un acorde mayor con séptima menor y novena mayor, aunque una minoría lo utiliza para cifrar el mismo acorde pero con séptima mayor. Para evitar problemas lo ideal es usar el cifrado normal C7(9) o CMaj7(9), según sea el caso.

1.4   SITUACIONES ESPECIALES

A veces un cifrado puede estar representando las notas correctas deseadas y aún así ser incorrecto, en algunos casos, por definir sólo parte del acorde y de esta forma enviar al bajo una nota equivocada:

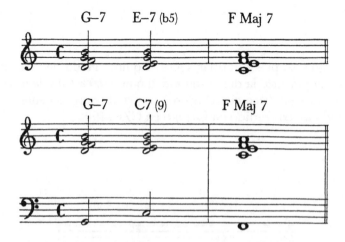

[1] Teoría musical y armonía moderna, vol. I. Ap. 28.

En otros, por definir una inversión inadecuada para un disminuido:

O bien inversiones imposibles como E–7(b5)/C en lugar de C7(9), o el típico caso de D–7/G por el G7sus4.

Otro caso es el de indicar las tensiones sin dejar clara la especie de acorde cuatríada sobre el que deben estar, Bb13 por Bb7(13); hay que recordar que las tensiones diatónicas normalmente no se cifran, y al hacerlo así se clarifica el cifrado. Lo contrario, en cambio, podría confundir al intérprete. La progresión:

resulta confusa en relación a:

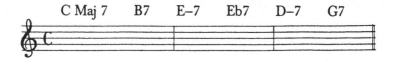

Y el resultado debe ser el mismo en ambos casos. Si un intérprete no conoce las tensiones disponibles según especie y función de los acordes, probablemente su nivel musical tampoco será el idóneo para interpretar esta progresión con todas las tensiones implícitas o cifradas, y seguramente, acabará tocando alguna equivocada, con lo que los cifrados simples estarán más a su nivel y evitarán alguna situación embarazosa.

En algunos casos se pueden encontrar las letras "add" añadidas a un cifrado, siendo esta indicación útil para añadir alguna nota a un cifrado determinado, aunque no resulte adecuado para indicar una tensión.

Mientras que D–7 add G, equivale a D–7(11) que es el cifrado normal, D– add G implicará un acorde tríada al que se debe añadir la nota Sol. Debe tenerse en cuenta que las tensiones se consideran la expansión de los acordes cuatríadas. Así, D–(11) implicaría la expansión del tríada hasta la onceava con lo que la séptima quedaría implícita, no siendo así en D– add G donde lo único que se pretende es añadir dicha nota al acorde tríada.

Deben evitarse situaciones enarmónicas en los cifrados que puedan crear confusión.

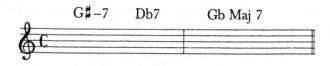

es confuso en relación a:

Deben rearmonizarse las situaciones en las que la melodía choca con el cifrado. Los casos más frecuentes son:

11 en la melodía de un V7,

b13 en la melodía de un −7, lo más frecuente sobre el III−7,

13 en la melodía de un −7, en una situación II−V.

En otros casos se pueden encontrar acordes de aproximación que no afecten a la armonía real, y se usen solamente para mover las voces de una sección de vientos.

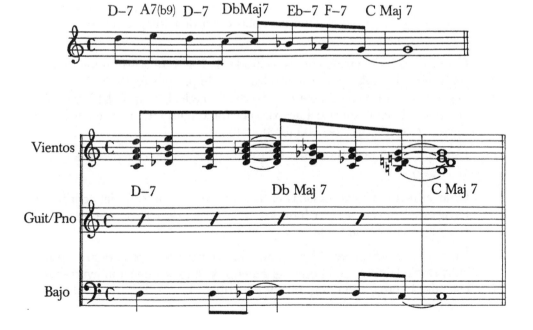

Cuando la estructura armónica buscada se aparta de uno de los acordes tradicionales, el cifrado se vuelve confuso, debido en parte a la falta de unidad de criterios.

En algunas partituras se puede encontrar el cifrado "B–7(♯ 5), principalmente sobre el VII grado.

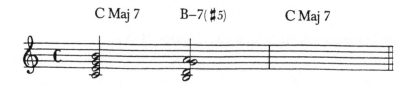

La agrupación de estas notas sugiere un acorde de G invertido con la novena añadida y sin séptima. Para este mismo acorde se encuentra en otras partituras el cifrado "G add A", o "G7(9)omit 7". Quizá las dos últimas sean las más claras ya que ambas parten de una estructura definida a la que añaden (add) u omiten (omit) alguna nota. Sin embargo, el primero es tan frecuente como los otros dos.

Debe valorarse que un cifrado ha de servir no sólo para indicar las notas del acorde sino también para precisar la función de éste y la escala del momento. Con un cifrado como G7(9)omit7, quedarán definidas las notas del acorde, la función tonal y en consecuencia la escala del momento, no así con B–7(♯ 5), ya que si bien las notas están definidas, la función y la escala no lo están.

Como ya se ha mencionado, este cifrado B–7(♯ 5) se acostumbra a utilizar sobre el VII grado, por lo que el acorde implicado es B–7(b5), pero se desea evitar la b5 como nota del acorde, y añadir la tensión b13, ya implícita por la función tonal del acorde; el cifrado pues sería muy confuso si se siguiera este criterio, "B–7(b5)(b13)omitb5".

La mejor solución sigue siendo G7 (9)/B omit 7, cuando se desea la nota Si en el bajo.

Otras estructuras están basadas en la omisión de la tercera del acorde. Estos acordes se denominan híbridos, y la forma de cifrarlos se estudia en el capítulo correspondiente.

No hay reglas absolutas sobre cómo cifrar o corregir unos cifrados. En muchos casos, la práctica, el oído, el criterio, y la lógica deberán ayudarnos a entender la progresión armónica y a escribirla lo más clara y simplemente posible.

II. LOS DOMINANTES SUBSTITUTOS

Para la música occidental, el acorde de dominante y su tendencia a resolver hacia la tónica, son una constante en la mayoría de las obras musicales escritas desde Monteverdi (1567) hasta la actualidad. Para valorar la importancia de este enlace es necesario recordar que seis de las siete notas de la escala se encuentran involucradas en la cadencia anterior (dominante-tónica).

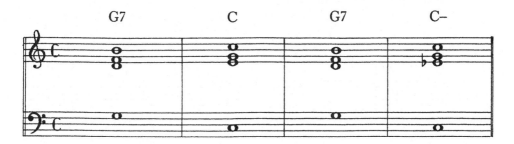

2.1 CARACTERISTICAS DE LOS ACORDES DE DOMINANTE

a) El acorde que asume el papel de dominante se forma sobre el quinto grado de la escala. Si una determinada escala no tiene su quinto grado a distancia de quinta justa de la tónica, se considera impracticable (ver armonía modal).

b) El acorde de dominante contiene un intervalo de tritono en los acordes cuatríadas.

c) La fundamental del acorde de dominante convierte a las notas que forman el tritono en su tercera y séptima; estas notas son además los grados VII (sensible) y IV, respecto a la tónica.

d) El tritono es un intervalo que divide a la octava en dos partes iguales, por lo que él y su inversión resultan en el mismo intervalo.

Este hecho hace que un intervalo de tritono pueda tener dos fundamentales que puedan hacer de él la tercera y séptima de un acorde.

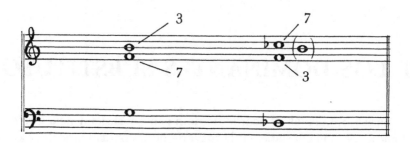

e) La natural resolución del tritono de un acorde de dominante sobre la tercera y la fundamental de su acorde objetivo, se puede producir con una u otra fundamental de dominante.

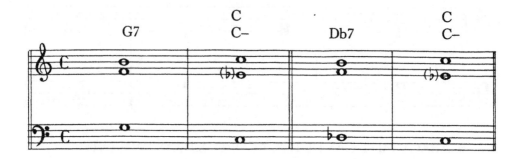

El tritono resuelve igual en ambos casos, por lo que la resolución de dominante se considera satisfecha. La diferencia está en que en un caso, la fundamental resuelve de cuarta ascendente o quinta descendente y en el otro, de semitono descendente. A esta fundamental se la valora además como una sensible superior, lo cual motiva que este enlace sea considerado más inestable.

Al acorde formado por la nueva fundamental y el mismo tritono se le puede usar en substitución del original o en conjunto con éste, teniendo en cuenta en este caso, que debido a su mayor inestabilidad se tiende a situarlo en parte rítmico-armónica más débil.

2.2   RELACION ENTRE UN DOMINANTE Y SU SUBSTITUTO

Cualquier acorde de dominante está relacionado con otro dominante cuya fundamental se encuentra a distancia de tritono de la suya. Ambos acordes contienen el mismo tritono, la fundamental de uno es la tensión ♯ 11 en el otro, las tensiones alteradas b9, ♯ 9, y b13 resultan respectivamente en la 5 y en las tensiones naturales 13 y 9.

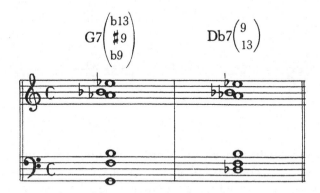

El acorde substituto se puede considerar que no es más que la alteración (alt) del acorde original, y éste en una determinada inversión.

G7alt/b5 = Db7
Db7alt/b5 = G7

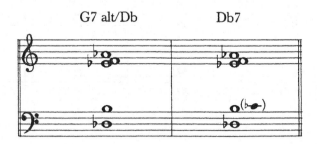

2.3   RESOLUCION DE LAS TENSIONES

Las tensiones tienden a resolver sobre el grado diatónico inmediato inferior, las naturales (9,13) están a tono de su objetivo, y las alteradas (b9,b13) a semitono. Estas últimas al estar más cerca de su objetivo necesitan más de la inmediata resolución, o sea, son más inestables.

Es frecuente oír un acorde con sus tensiones naturales, seguido del mismo acorde con las tensiones alteradas e inmediatamente su resolución. Esto produce un efecto de resolución cromática.

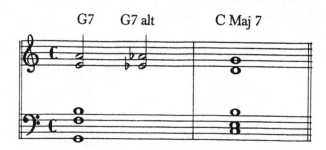

Las tensiones naturales en un acorde substituto resultan ser las alteradas con respecto al acorde original, por lo que éstas ya están a semitono de su objetivo; si se procediera a alterarlas o sea, bajarlas en un semitono, el efecto estaría ya resuelto, con lo que al resolver la fundamental y el tritono sobre su objetivo se crearía un efecto pobre. Así que, en general, no se usan tensiones alteradas en los acordes substitutos.

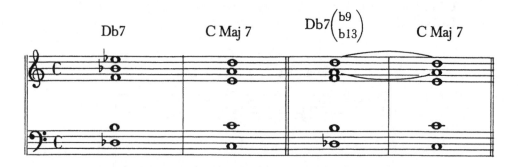

2.4 EL ACORDE V7 ALT Y SU RELACION CON EL DOMINANTE SUBSTITUTO

Como ya se ha explicado anteriormente, el acorde substituto de un dominante es en realidad éste con las tensiones alteradas y en una determinada inversión. Tomando esta relación como base, la escala-acorde adecuada para los dominantes substitutos será la escala alterada empezando en su quinto grado. La escala resultante es la denominada lidia b7.

G7 alt·

Db7 substituto de G7

2.5 NOMENCLATURA DE ANALISIS ARMONICO

Cuando un dominante substituto resuelve sobre un acorde cuya fundamental se encuentra un semitono debajo de la suya, se produce resolución de dominante; para diferenciarla de la resolución usual, ésta se indica con una flecha quebrada.

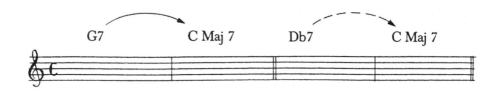

G7   C Maj 7   Db7   C Maj 7

Dado que cada dominante substituto está relacionado con un dominante original, se indica también la relación con éste.

V7/I   Sub V7/I
G7   C Maj 7   Db7   C Maj 7

No debe pensarse en estos acordes como relacionados con la tónica, ya que su verdadera relación la tienen con los acordes a los que substituyen. Así, y en el caso del ejemplo, el Sub V7/I no debe ser nombrado como bII7 ya que esto implicaría una función tonal directamente relacionada con la tónica.

2.6   LOS DOMINANTES SUBSTITUTOS

2.6.1 SubV7/I

Este, único dominante substituto de un acorde diatónico, puede usarse en una cadencia final dándole un color mucho más cromático. Aunque, como todos los dominantes substitutos, utiliza tensiones naturales. La tensión ♯ 9, ha sido usada sobre él con un cierto sabor a "blue-note", sobre todo por Duke Ellington y Charlie Mingus.

2.6.2 SubV/II

2.6.3 SubV7/III

Este acorde sólo podrá ser usado como substituto en situaciones específicas, ya que será fácilmente reconocido como un acorde directamente relacionado con la tónica, el IV7, que es un típico subdominante de blues.

Cuando en un contexto diatónico oímos un dominante secundario o substituto, tendemos a desear oír inmediatamente después de éste a su acorde objetivo. Este hecho está fundamentado, además de en razones acústicas de resolución de los distintos grados, tritono, etc., en el uso, ya que nuestro oído está habituado a ello. Es, principalmente por esta razón, que al oír el IV 7 no esperamos el III–7 sino el regreso a IMaj7.

Esto, claro está, no excluye la posibilidad de utilizar este acorde como un substituto. El ritmo armónico y la intención serán factores que podrán determinar una u otra función.

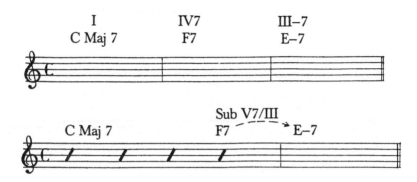

2.6.4 SubV7/IV

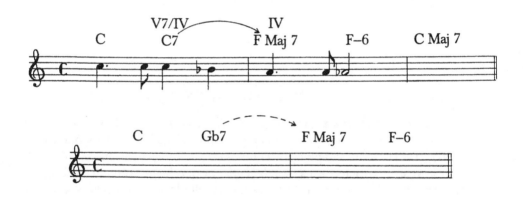

2.6.5 SubV7/V

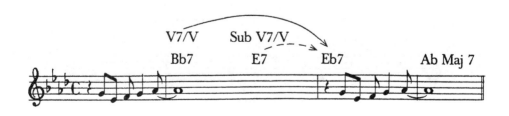

2.6.6 SubV7/VI

Con este acorde sucede algo similar a lo explicado sobre el SubV7/III ya que el SubV7/VI es a su vez el bVII7, un acorde relacionado con la tónica y con función de subdominante menor. Aquí también, el contexto, y el cómo es utilizado, serán las causas determinantes de una u otra función.

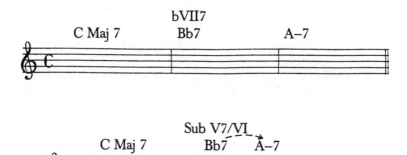

2.7 REARMONIZACION CON DOMINANTES SUBSTITUTOS

Para rearmonizar una progresión armónica cambiando los dominantes por sus substitutos, se debe tener en cuenta la relación melodía-armonía. En general, si la melodía se apoya en la quinta del acorde o en una tensión natural, la rearmonización no será adecuada ya que los dominantes substitutos no usan tensiones alteradas; éste sería el resultado si se procediera a la rearmonización.

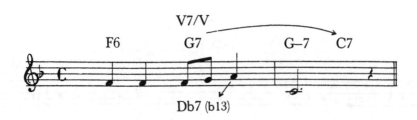

2.8   II–7 RELATIVOS DE LOS DOMINANTES SUBSTITUTOS

Como cualquier dominante, un dominante substituto, puede compartir su ritmo armónico con su II–7 relativo.

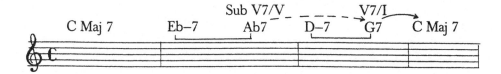

Estos II–7 relativos, no llevan número romano de análisis, pero sí llevan el corchete que los une al dominante con el que están relacionados. La escala adecuada para ellos es la dórica.

2.9   RESOLUCION INESPERADA DE LOS DOMINANTES

La esperada resolución del V7/I y de los dominantes secundarios se produce sobre un acorde cuya fundamental se encuentra a quinta justa debajo de la suya, la de los dominantes substitutos sobre un acorde cuya fundamental está un semitono debajo de la suya. En ambos casos se considera que el tritono resuelve, por lo que hay resolución de dominante.

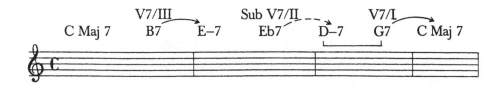

La más frecuente resolución inesperada de dominante, se produce cuando un dominante substituto resuelve como un secundario o viceversa. Esto tiene el efecto de cadencia rota, y se indica en el análisis incluyendo los números romanos entre paréntesis. La flecha indicativa de resolución de dominante será quebrada o no, según sea la resolución hacia un acorde, un semitono o una quinta debajo de su fundamental.

La resolución inesperada de estos acordes no afecta a su función tonal ni en consecuencia a su escala-acorde.

Los principales casos se producen al resolver sobre acordes de intercambio modal.

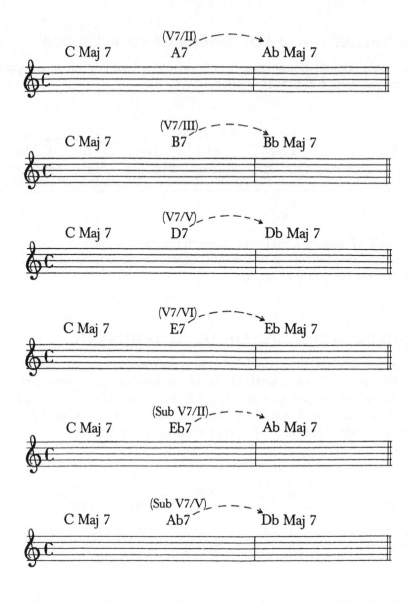

Tal y como se ha citado anteriormente la mejor escala-acorde viene dada por la función indicada por los números romanos de análisis. El hecho, por ejemplo, de considerar el acorde Eb7 (SubV7/II) como si fuera un V7/bVI, implicaría escala mixolidia y el efecto sería el de modulación; en este caso se debería analizar como V7/I (ver el capítulo sobre modulación para más detalles).

2.10 LOS DOCE DOMINANTES DE UNA TOTALIDAD

Sobre cada uno de los siete grados diatónicos y cinco cromáticos de una tonalidad, se forma un acorde de dominante con una función específica.

I, C7, I7 acorde de tónica en blues.
I, C7, V7/IV
bII, Db7, SubV7/I
II, D7, V7/V
bIII, Eb7, SubV7/II
III, E7, V7/VI
IV, F7, IV7 subdominante en blues.
IV, F7, SubV7/III en determinadas situaciones.
bV, Gb7, SubV7/IV
V, G7, V7/I
bVI, Ab7, SubV7/V
VI, A7, V7/II
bVII, Bb7, bVII7 subdominante menor.
bVII, Bb7, SubV7/VI en determinadas situaciones.
VII, B7, V7/III

III. EL ACORDE ♯ IV–7(b5)

Este acorde está incluido en el grupo de los acordes relacionados, y se le puede considerar como un intercambio modal del modo lidio, como el acorde de sensible de dominante, o como el resultado de la elevación en un semitono de la fundamental del acorde de IV grado. El funcionamiento del mismo dentro de la progresión armónica, explicará su procedencia y su función tonal.

3.1 USOS DEL ♯ IV–7(b5)

3.1.1 Como II–7 relativo

Este acorde funciona frecuentemente como II–7 relativo del V7/III, usando intercambio modal. En este caso tiene función tonal de subdominante menor referida al III grado.

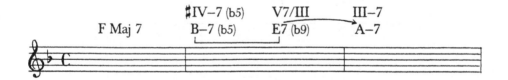

3.1.2 Como retardo

Otra utilización es la de retardar el ataque del acorde del IV grado, por lo que pasa a ocupar la primera parte del ritmo armónico del acorde del IV grado. En esta situación se considera un subdominante alterado, y su fundamental actúa como nota cromática de aproximación.

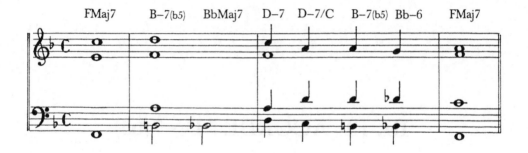

3.1.3 Como sensible de dominante

En este caso su resolución se produce hacia alguna forma de V7, y en muchas ocasiones se encuentra precedido del IV. Cuando es así se considera un acorde de unión y se le puede catalogar tanto de subdominante alterado o como de dominante secundario del V grado.

De unión:

Dominante secundario:

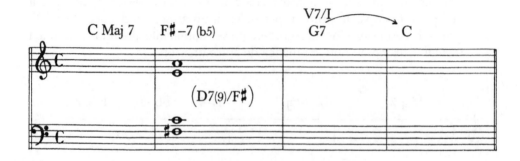

Aunque también puede hacerlo hacia el acorde de tónica con la quinta en el bajo, I/5. En este caso, el acorde de tónica tenderá a sonar como un 6/4 cadencial e ir seguido de alguna forma del acorde del V grado.

3.1.4 Substituyendo al I

Una de las posibles cadencias rotas del V7/I es sobre el ♯ IV−7(b5). Esta es una de las cadencias inesperadas de un dominante en la que se produce resolución de dominante al moverse hacia un acorde cuya fundamental está un semitono debajo de la suya.

Una vez producida la cadencia rota, el ♯ IV−7(b5) seguirá adelante realizando alguna de las funciones señaladas para él anteriormente.

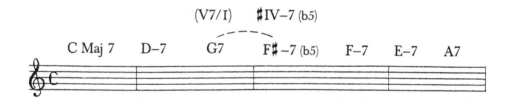

3.2   RELACION ESCALA-ACORDE

En general y en cualquiera de las funciones señaladas, este acorde utiliza escala locria. Aunque y como excepción, cuando se utiliza como retardo del IV−, puede usar escala dórica alterada.

IV. MODULACION

Con el término "modulación", se define el paso de una tonalidad a otra; este cambio de centro tonal puede producirse por medio de la armonía, la melodía, o ambas cosas a la vez.

4.1 CLASIFICACION DE LAS MODULACIONES

Básicamente, y teniendo en cuenta la progresión armónica, se puede modular por medio de tres procedimientos: directamente desde un acorde de un tono a otro de otro tono, usando uno o varios acordes que tengan alguna relación con ambos tonos utilizándolos de puente de enlace, o finalmente, a través de una sucesión de acordes siguiendo el ciclo de quintas.

4.1.1 Modulación directa

Este es el tipo de modulación más abrupto de los tres citados, ya que el nuevo tono coge por sorpresa al oyente. Es pues, una modulación repentina, sin preparación.

La más típica forma de modulación directa se produce al terminar una frase en un tono y comenzar la siguiente en otro. Lo normal en esta situación es que la primera frase acabe con el acorde de tónica (I), y que la siguiente comience con el acorde de tónica del nuevo tono.

Sin embargo, la modulación directa también puede producirse desde otros acordes diatónicos, y entrar en el nuevo tono, no forzosamente con el nuevo acorde de tónica, sino con otros acordes diatónicos a la nueva tonalidad. Una de las mejores posibilidades se produce en una semicadencia, normalmente sobre el acorde V, ya que en este caso también se ha creado un final de frase.

Casos de modulación directa entre otros acordes diatónicos cualesquiera también son posibles, y no necesariamente en un final de frase. En éstos, el movimiento entre las fundamentales del acorde de un tono a la del acorde del nuevo tono, acostumbra a ser por grado conjunto (tono o semitono).

El cambio repentino de centro tonal puede resultar brillante en ocasiones, pero confuso en otras si no se utilizan los recursos adecuados en cada situación. Cuando una frase acaba, sobre todo en una cadencia auténtica, (V–I), se produce un reposo en el oyente, después del cual cualquier cosa puede suceder. Ya que la frase está concluida, no existe una esperada continuación hacia un objetivo determinado. Es ahí, pues, donde una modulación directa será más suave. Lo sería mucho menos si la cadencia final hubiera sido alguna forma de semicadencia, ya que si bien también en ella se produce un reposo, éste es momentáneo, y el oyente espera una continuación en el tono original.

La cadencia rota es otro recurso para la modulación. Aquí la sorpresa por el cambio de tono es doble, una por la propia cadencia, otra por resolver ésta, en otro tono. Aunque muchas combinaciones son posibles, las más frecuentes se producen sobre alguna forma de II–V. Hay que tener en cuenta que la cadencia rota se produce sobre un acorde que ocupa el lugar de la tónica, (I); si ahí, por ejemplo, se sitúa el acorde de tónica del nuevo tono, el efecto que se obtiene, es además de sorpresivo, extraño y, en general, produce la sensación de que se ha utilizado un acorde diatónico cromáticamente alterado. La estabilidad, la comprensión de lo ocurrido para el oyente no se consigue más que con el desarrollo armónico de la progresión a partir de este punto.

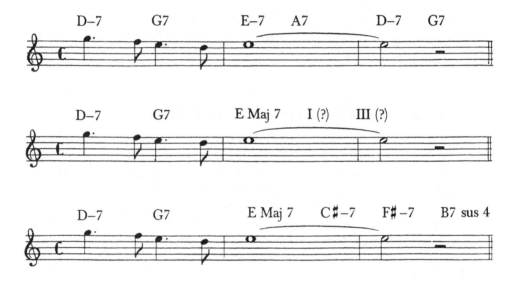

El uso de un II–V de un nuevo tono, en cambio, creará una continuación más lógica a la cadencia rota, ya que el objetivo de ésta es el de conducirnos a..., el nuevo II–V, en este caso, nos conducirá al nuevo tono.

El recurso de usar un patrón II–V, para llevarnos a un nuevo tono, se obtiene brillantemente cuando la nota melódica sobre la que reposa la frase, crea una relación melodía-armonía de novena u onceava con el II–7, como en el ejemplo anterior. La modulación directa dentro de la frase es la menos frecuente (casos de ésta se usan sin embargo para crear una semicadencia sobre el acorde de dominante del nuevo tono).

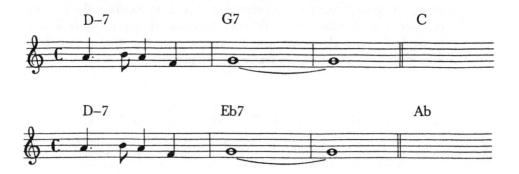

4.1.2 Modulación por medio de acordes de enlace

Esta clase de modulación es la más suave de las tres, ya que está basada en acordes relacionados con los dos tonos a los que sirven de unión. El oído abandona el antiguo centro tonal y entra en el nuevo sin brusquedad. Esto, claro está, dependerá de la cantidad y de la calidad de los acordes usados como puente de unión. A estos acordes se les denomina también "pivots" y pueden clasificarse en tres grupos: principales, secundarios y relativos, según sea su relación con los tonos que enlazan.

4.1.2.1 Principales

Se consideran acordes de enlace principales los que son diatónicos a los dos tonos a los que sirven de unión. Así pues, la modulación usando acordes de enlace principales sólo será posible entre tonos que tengan dos o menos alteraciones de diferencia, ya que sólo en estos casos se encuentran acordes diatónicos comunes. Entre Do mayor y La mayor, por ejemplo, no existe ningún acorde diatónico común a ambas tonalidades, ya que la diferencia de alteraciones es de tres. En cambio, cuando la diferencia es de dos alteraciones, el acorde del II grado de una tonalidad es el mismo que el III de la otra.

tono C: E–7: III–7
tono D: E–7: II–7   dos alteraciones (♯)

tono de C: D–7: II–7
tono de Bb: D–7: III–7   dos alteraciones (b)

38

Cuando la diferencia de alteraciones entre tonalidades es de una, tres son los acordes diatónicos comunes.

	CMaj7	D–7	E–7	FMaj7	G7	A–7	B–7(b5)
tono C:	I	II	III	IV	V	VI	VII
tono F:	–	VI	–	I	–	III	–
tono G:	IV	–	VI	–	–	II	

Además, entre una tonalidad mayor y su relativo principal menor, los siete acordes de la escala mayor son comunes a los siete de la escala natural menor, con lo que todos ellos podrán ser acordes de enlace principales.

	CMaj7	D–7	E–7	FMaj7	G7	A–7	B–7(b5)
tono C:	I	II	III	IV	V	VI	VII
tono A–:	bIII	IV	V	bVI	bVII	I	II

4.1.2.2 Secundarios

Se consideran acordes de enlace secundarios a los que son diatónicos a un tono y relacionados con el otro. Como acordes relacionados se entienden los que no siendo diatónicos, tienen una específica función tonal. En la nomenclatura de análisis armónico éstos llevan número romano con relación a la tónica (bIIIMaj7, bIIMaj7, ♯ IV–7(b5)...), o con algún acorde diatónico (V7/II,SubV7/III, ...).

Dentro de este grupo de acordes se debe matizar que, cuando más definida sea la función en el tono en donde no son diatónicos, con mayor suavidad se producirá la modulación. Para este proceso se considera como función definida el área de subdominante menor (bIIMaj7,II–7(b5),IV–7, bVIMaj7, y bVII7), y en general todos los acordes relacionados directamente con la tónica (bIIIMaj7, ♯ IV–7(b5)...).

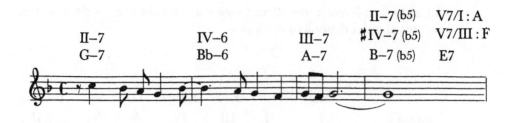

			II–7 (b5)	V7/I : A
II–7	IV–6	III–7	♯IV–7 (b5)	V7/III : F
G–7	Bb–6	A–7	B–7 (b5)	E7

A Maj 7   Bb°7

acordes de enlace secundarios entre Do y Mib mayores

	CMaj7	D–7	E–7	FMaj7	G7	A–7	B–7(b5)
tono C:	I	II	III	IV	V	VI	VII
tono Eb:	–	–	–	–	V7/VI	–	–

	EbMaj7	F–7	G–7	AbMaj7	Bb7	C–7	D–7(b5)
tono Eb:	I	II	III	IV	V	VI	VII
tono C:	bIIIMaj7	IV–7	V–7	bVIMaj7	bVII7	I–7	II–7(b5)

4.1.2.3   Relativos

Se consideran acordes de enlaces relativos a los que, estando relacionados con los dos tonos que unen, no son diatónicos a ninguno de ellos. En este grupo caben infinidad de posibilidades. De hecho, y dado que en cada tono hay doce acordes de dominante con una función específica para cada uno, cualquier acorde de dominante podría servir de enlace entre dos tonos cualesquiera. Además los acordes mayores con séptima mayor están relacionados con cuatro tonos (bII,bIII,bVI,bVII).

El proceso de modular con acordes relativos puede resultar bastante abrupto e incluso confuso, con lo que, siendo como es una posibilidad real de modular, no es con mucho la más frecuente.

Acordés de enlace relativos entre Do y Mi mayores (dominantes)

C:	V7/IV	Sub V7/I	V7/V	SubV7/II	V7/VI	IV7 (SubV7/III)
	C7	Db7	D7	Eb7	E7	F7
E:	SubV7/V	V7/II	bVII7 (SubV7/VI)	V7/III	V7/IV	SubV7/I
C:	SubV7/IV	V7/I .	SubV7/V	V7/II	bVII7 (Sub V7/VI)	V7/III
	Gb7	G7(*)	Ab7	A7	Bb7	B7(*)
E:	V7/V	SubV7/II	V7/VI	IV7 (SubV7/III)	SubV7/IV	V7/I

(*) secundarios

Acordes de séptima mayor relativos entre los tonos de C, y F mayores.

	DbMaj7	EbMaj7	AbMaj7	BbMaj7
C:	bII	bIII	bVI	bVII
F:	bVI	bVII	bIII	IV (secundario)

Al modular por medio de acordes "pivot", lo que hacemos es preparar al oyente para el cambio de tono; una preparación larga y con pivots principales, producirá una modulación casi inapreciable. La melodía deberá colaborar en este caso. Si las notas comunes a las dos tonalidades son las usadas por ésta, la modulación será aún más suave, más inapreciable. En cambio, si la melodía se apoya sobre las notas diferenciales entre ambas tonalidades, entonces, el paso de una a otra creará mayor contraste.

Debe tenerse en cuenta, sin embargo, que una modulación suave no es sinónimo de una modulación mejor, y que la catalogación de éstas se hace únicamente para, a posteriori, saber escoger la adecuada según el objetivo deseado.

4.1.3 Modulación por el ciclo de quintas

Esta modulación está basada en una sucesión de acordes, generalmente II–V, o V7, a través del ciclo de quintas. Si en una modulación directa la característica es el brusco paso de un tono al otro, y en una modulación con acordes de enlace, la característica es precisamente estos acordes que suavizan el paso de un centro tonal al siguiente. Aquí, en una modulación por el ciclo de quintas, la característica es que el oído pierde el primer centro tonal sin encontrar uno nuevo, y se produce una transición donde cada acorde podría implicar una nueva tónica, aunque ésta no se consolide hasta alcanzar el tono objetivo de la modulación.

Este sistema de modular no se usa muy frecuentemente dentro de la estructura de un tema, ya que la transición necesaria, debe ser lo suficientemente larga para que el oído olvide el tono inicial, y esto difícilmente se puede producir con menos de tres o cuatro compases. Sus usos principales se encuentran en el enlace entre dos temas o como recurso orquestal, entre secciones en las que se divide un arreglo.

Aunque, como se ha citado antes, la forma más usual de esta modulación utiliza acordes de dominante (V7) o el patrón II–V, otros acordes, en general de una misma especie y siguiendo el ciclo de quintas, también pueden usarse. Entre los patrones II–V, se incluyen, en cualquier combinación entre ellos, los cromáticos y los por extensión, según las salidas en cadena explicadas en el capítulo correspondiente.

En el fragmento anterior, los dos primeros compases están en Re mayor, en el siguiente se implica Do mayor, y en el cuarto Sib mayor, pero la modulación a este último no se consolida hasta el quinto compás, objetivo de la modulación. Esta secuencia de II–V, podría habernos llevado a cualquier otro tono, simplemente siguiendo el ciclo de quintas hasta el nuevo objetivo.

o bien:

4.2 TONOS VECINOS

Se consideran tonos vecinos los que tienen una sola alteración de diferencia entre ellos. La modulación entre éstos es muy frecuente y puede resultar muy suave, ya que entre sus escalas sólo un grado es diferente, lo que además hace que se formen varios acordes pivots principales entre los dos tonos.

Los acordes diatónicos a una determinada escala mayor o menor son los tonos vecinos relacionados con dicha escala tomada como base; hay que exceptuar, sin embargo, el acorde que se forma sobre el séptimo grado de la escala mayor y el segundo de la menor ya que, éste, no es un acorde perfecto mayor ni menor por lo que no puede ser considerado un centro tonal válido.

Do mayor	II	Re menor
	III	Mi menor
	IV	Fa mayor
	V	Sol mayor
	VI	La menor (relativo principal)

La menor	bIII	Do mayor (relativo principal)
	IV	Re menor
	V	Mi menor
	bVI	Fa mayor
	bVII	Sol mayor

4.3   LAS NOTAS CARACTERISTICAS EN LA MODULACION

Las notas diferentemente alteradas entre dos tonos pueden ser de por sí características de diferenciación de tonalidades, aunque el hecho de que al usarse muy frecuentemente acordes relacionados y dominantes secundarios en una progresión diatónica, hace que estas notas deban ser tratadas de forma especial para ayudar a la definición de una modulación.

Melódicamente la nota más característica de un nuevo tono será la nueva sensible, y en segundo lugar, cuando la sensible del nuevo tono sea diatónica al tono anterior, el nuevo cuarto grado. Por ejemplo, al modular de Do mayor a Mib mayor, la nueva sensible es la nota Re que es diatónia a Do mayor, por lo que la nota característica en esta modulación será el nuevo cuarto grado; Lab.

Tono inicial	Nuevo tono	Nota característica
Do mayor	Fa mayor	Sib
Do mayor	La menor	Sol ♯
Do mayor	Sol mayor	Fa ♯

Entre un tono menor y su mayor relativo la nota característica en la modulación es el nuevo quinto grado; este grado es la subtónica en el modo menor, por lo que de hecho también es diatónico el modo menor. Así pues, su característica vendrá dada más por su tratamiento que por su calidad.

Para que se produzca modulación no es imprescindible que melódicamente aparezcan las notas características, aunque éstas ayudarían en gran manera a ello, sobre todo si se usan como notas de aproximación pues ello afectaría a la escala del momento y en consecuencia clarificaría la imprecisa función de un acorde.

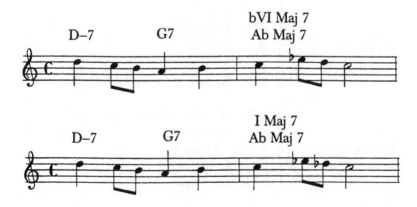

En el primer caso del ejemplo anterior, el acorde AbMaj7 suena como un acorde relacionado al tono de Do mayor; bVIMaj 7, ya que la nota Re implica escala lidia para él. En cambio, en el segundo caso la nota Reb es el nuevo cuarto grado tratado como nota de aproximación. Esto anula su función relativa e implica modulación hacia el tono de Lab mayor.

Si el nuevo cuarto grado, en este caso, fuera tratado como nota del acorde, éste no ayudaría la modulación ya que no afectaría a la escala del momento, por lo que la modulación debería ayudarse de otros factores.

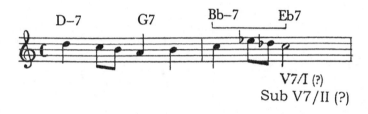

4.4   LA RELACION ESCALA-ACORDE EN LA MODULACION

La relación escala-acorde viene definida por la función tonal que desempeña un determinado acorde en una tonalidad. En el caso de modulación directa, el cambio de centro tonal se produce bruscamente entre un acorde y el siguiente, de forma que la escala del momento para el último acorde de un tono estará relacionada con éste, y la del siguiente acorde lo estará con el nuevo tono.

El acorde E–7 pertenece al tono de Do mayor y funciona como III–7 por lo que su escala es la frigia. El acorde F♯–7 funciona ya en Mi mayor, como II–7, por lo que su escala adecuada es la dórica. En la modulación con acordes de enlace, éstos tienen doble función ya que están relacionados con el antiguo y el nuevo tono, pero la escala adecuada para estos acordes se forma en relación con el tono antiguo, el tono a dejar, ya que se considera que, aunque ellos son los que conducen la modulación, ésta no se produce sobre ellos sino sobre su objetivo. Esta consideración es bastante lógica ya que, de aplicar una escala relacionada con el nuevo tono, estos acordes ya no serían de enlace sino del nuevo tono.

La duda que se puede crear en algunas situaciones sobre la función tonal de un acorde, y que, por tanto, afectaría a la escala a emplear sobre el mismo, queda muchas veces a discreción del intérprete o compositor según el efecto que se desee.

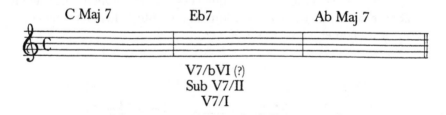

En el ejemplo, y sin tener en cuenta ninguna implicación melódica, el acorde Eb7 puede usar la escala lidia b7 o la mixolidia. Si utiliza la lidia b7 su función relativa al tono de Do mayor se mantiene, con lo que el acorde de AbMaj7 tenderá a sonar como bVIMaj7. En cambio, de usar mixolidia la modulación hacia Lab ya se produce sobre él. El análisis de este acorde como V7/bVI resulta pues, inadecuado en los dos casos, ya que en este último lo correcto sería V7/I.

Si como en el ejemplo anterior, ninguna implicación melódica nos indica una u otra escala, deberemos considerar que, de usar mixolidia sobre Eb7 y lidia sobre AbMaj7, crearemos un raro efecto ya que aparentemente modulamos a Lab pero al llegar al acorde AbMaj7 lo tratamos como bVI de Do; sin embargo, si utilizamos mixolidia y mayor (jónica) sobre el AbMaj7, hemos creado una modulación directa a Lab mayor ya en el acorde Eb7, y si finalmente usamos lidia b7 en el acorde Eb7 y jónica sobre AbMaj7, habremos modulado por medio de un pivot secundario.

4.5   MODULACIONES FRECUENTES

Como ya se ha mencionado anteriormente, la modulación a tonos vecinos es una de las más frecuentes en música popular y tradicional. Al tener sólo una alteración de diferencia, la modulación es suave y ofrece poco contraste. Precisamente por esto en algunos estilos (Jazz, Bossa, ...) se recurre a otras modulaciones con las que obtener más contraste.

4.5.1   Una alteración de diferencia

Es la modulación de tonos vecinos ya comentada anteriormente.

4.5.2   Tres/Cuatro alteraciones de diferencia

Frecuente en Jazz, Bosa, y música moderna, con la que se consigue mucho contraste.

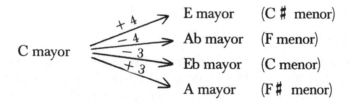

La diferencia de alteraciones se considera positiva o negativa según se deban elevar o rebajar los grados del tono de partida. Así, si modulamos de F mayor a A mayor, la diferencia es más cuatro; hay que elevar los grados I, II, IV, y V del tono de Fa, el cuarto con un (♮) (becuadro), y los demás con " ♯ ".

De Mi mayor a Fa en cambio tendremos menos cinco alteraciones.

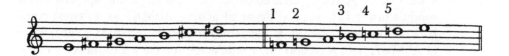

La modulación hacia más tres o más cuatro alteraciones es más clara, en el sentido de que no ofrece dudas al oído. En cambio, hacia menos tres y cuatro alteraciones, ésta debe ser tratada con más detalle, ya que la nueva tónica puede oírse relacionada con la antigua como un intercambio modal.

4.5.3 Cinco alteraciones de diferencia

Esta modulación, si se mantiene el mismo modo, representa el cambio hacia un tono un semitono encima o debajo del original.

$$C \text{ mayor} \nearrow -5 \quad Db \text{ mayor} \quad (Bb \text{ menor})$$
$$\searrow +5 \quad B \text{ mayor} \quad (G \sharp \text{ menor})$$

En la práctica, ésta es una modulación poco usual, lo que no debe confundirse con la habitual técnica de subir un semitono un tema, o frase[1].

4.5.4 Seis alteraciones de diferencia

Tampoco es ésta una modulación frecuente. La distancia de tritono entre las tónicas, y el hecho de que el tritono de ambas escalas sea el mismo en sonido, le confieren un efecto peculiar. El V7 de un tono es el SubV7/I del otro y viceversa, por lo que tanto uno como otro acorde se utilizan de la misma manera en cualquiera de los dos tonos, el sonido de dominante es pues común, por lo que una cierta confusión sonora se produciría en una modulación entre estas tónicas.

$$C \text{ mayor} \xrightarrow[-6]{+6} Gb \text{ mayor} \quad (Eb \text{ menor})$$

[1] Véase ap. 4.6, pág. 40.

4.6   LA MODULACION COMO TECNICA DE ORQUESTACION

Los tipos de modulación vistos hasta ahora estaban dirigidos a la modulación que se produce dentro de la frase melódica, o estructura de un tema, o sea, que formaba parte del tema en sí.

La modulación en orquestación puede usar estos recursos también para cambiar de tono una frase o todo un tema, pero ello no afectará a que el tema original contenga o no modulación en sí mismo. Es decir, el hecho de que un determinado tema, con o sin modulación, se toque en primer lugar en un tono, a partir del tercer coro y por poner un ejemplo, se interprete lo mismo en otro tono, no significa en esencia que exista modulación en el tema, sino que éste se toca en otro del del origen.

Es evidente que un cantante, al margen del tono en que originalmente se haya escrito, interpretará un tema determinado en el tono que mejor se adapte a su tesitura. Esto es posible gracias al sistema temperado que permite utilizar cualquiera de los doce tonos indistintamente.

En la práctica se utiliza casi siempre la palabra "modular", aun cuando a lo que en realidad nos estemos refiriendo sea a un cambio de tono. Esto puede ser motivo de confusión sólo en abstracto, ya que cuando se utiliza este término referido a una música o parte, en concreto, quedará clarificado su significado. En muchas lenguas una misma palabra tiene distintos significados, y ello no confunde normalmente a los nativos de la misma.

En orquestación, una modulación o cambio de tono puede usarse para conseguir un mayor brillo, para evitar monotonía, para moverse hacia otro tono donde la melodía resulte en una tesitura más adecuada para un determinado instrumento, etc.

Subir un semitono es una práctica habitual, sobre todo en canciones, donde la repetición sistemática del estribillo puede desembocar en monotonía, o en temas en los que los motivos melódicos son muy simples y el texto obliga a repetirlos más veces de las que el oído puede aceptar, o simplemente para aumentar el climax final. Desplazar la tónica una tercera mayor o menor es también frecuente pero no tanto como lo anterior, y en fin, cualquier posibilidad es válida con un criterio y una conducción adecuada.

Cuando se cambia de tono lo lógico es que se produzca un cambio en la armadura. Esto no es frecuente cuando la modulación está dentro del tema en sí, ahí se acostumbran a usar alteraciones adicionales, sobre todo cuando la modulación es pasajera, o sea que finalmente se regresa al tono de origen. Pero cuando la modulación es un recurso orquestal el cambio de tono es normalmente definitivo, por lo que el cambio de armadura es la práctica habitual.

Para cambiar de tono se utilizan las mismas técnicas descritas en la modulación. Así, el cambio directo de un tono a otro producirá un contraste mucho mayor que el que se creará si el tránsito se hace a través de los acordes "pivots", que el arreglista haya añadido o rearmonizado del original para mejor conducir el cambio de tono. La modulación por el ciclo de quintas es un recurso muy útil para enlazar secciones o temas. Los típicos "pupurris" contienen normalmente un amplio muestrario de todas estas técnicas en una más o menos afortunada versión.

V. LOS ACORDES DISMINUIDOS

El acorde disminuido se forma sobre el séptimo grado de la escala menor armónica, y funciona en el modo menor como un acorde de dominante. Su principal característica está en los dos intervalos de tritono que se forman entre la fundamental y la quinta disminuida, y entre la tercera menor y la séptima disminuida.

El hecho de contener dos tritonos hace que esta especie de acordes sea muy inestable y que tienda a resolver inmediata y cromáticamente en alguna de sus voces.

Además de la utilización citada de dominantes en modo menor, estos acordes se pueden utilizar en el modo mayor sobre algunos grados cromáticos sensibilizándolos, es decir, convirtiéndolos en la sensible inferior o superior de un tono introtonal.

Aunque, en general, se puede formar un acorde disminuido sobre cada grado cromático y resolverlo por semitono hacia un acorde diatónico, los casos más frecuentes se producen resolviendo hacia un acorde diatónico perfecto menor.

5.1   LOS CINCO ACORDES DISMINUIDOS

Sobre cada uno de los cinco grados cromáticos de la escala mayor se puede formar un acorde disminuido.

5.2   ENARMONIA Y SIMETRIA

Al igual que los grados cromáticos, que pueden nombrarse de dos maneras cada uno, los acordes disminuidos que se forman sobre alguno de estos grados se les podrá denominar también de dos formas distintas.

Además de los intervalos de tritono que contienen todos los acordes disminuidos, otra característica es el intervalo de tercera menor que existe entre voces adyacentes; este intervalo divide a la octava en cuatro partes iguales. Esto produce que el acorde disminuido que se forma sobre cualquiera de las notas que forman uno de estos acordes sea el mismo acorde. O sea, que al invertir un disminuido el resultado es un acorde exactamente igual.

Esto que por una parte puede ser una ventaja, ya que por sonoridad sólo hay tres acordes disminuidos diferentes, es motivo de frecuentes confusiones al encontrar un disminuido no adecuadamente cifrado, y en consecuencia, difícil a primera vista de entender su funcionamiento dentro de la progresión armónica.

5.3   CLASIFICACION

Los acordes disminuidos se clasifican según la resolución de su fundamental.

a) Ascendentes, su fundamental se mueve por semitono ascendente hacia la de su acorde objetivo.

b) Descendentes, su fundamental se mueve por semitono descendente hacia la de su acorde objetivo.

c) Auxiliares, su fundamental no se mueve, o sea, resuelven sobre un acorde de igual fundamental.

5.3.1   **Ascendentes**

En este grupo los más usuales son el ♯ I°7, el ♯ II°7, y el ♯ V°7, resolviendo todos ellos sobre un acorde diatónico menor. El ♯ VI°7 al ascender resuelve sobre el acorde del séptimo grado que es un menor séptima con la quinta disminuida, acorde que no se usa normalmente en esta función y que, además, no puede ser una tónica introtonal al no tener quinta justa. El ♯ IV°7 resuelve sobre el V, y se utiliza en algunas ocasiones aunque suena muy parecido al ♯ IV-7(b5) por lo que a menudo es simplemente un acorde mal cifrado.

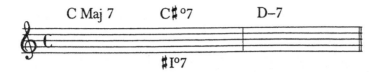

$\sharp I°7$

$\sharp II°7$

$\sharp V°7$

5.3.2 Descendentes

El más usual de los disminuidos descendentes es el bIII°7; este acorde es enarmónico del $\sharp$ II°7, y se utiliza uno u otro nombre según su resolución.

El bII°7, bVI°7, y el bVII°7 son de raro uso. La resolución hacia un acorde mayor desde una sensible superior no es frecuente; éste es el caso de los dos primeros, mientras que el último crea una cierta tendencia a modular.

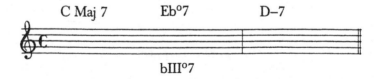

bIII°7

5.3.3 Auxiliares

Se denominan así a los acordes disminuidos que resuelven sobre un acorde de igual fundamental, y se utilizan principalmente sobre grados importantes de la tonalidad, en particular el I, y el V. Así pues, son los únicos acordes disminuidos que no se forman sobre uno de los grados cromáticos de la escala mayor.

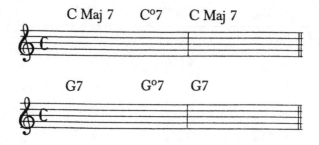

C Maj 7   C°7   C Maj 7

G7   G°7   G7

5.4 FUNCIONES

La inestabilidad de esta especie de acordes viene motivada principalmente por los dos tritonos que los forman. Es por ello que normalmente se utilizan como acordes de aproximación, y en consecuencia ocupan una parte más débil del ritmo armónico que la de su acorde objetivo o de resolución.

Su fundamental se mueve siempre por semitono hacia la de su acorde objetivo, o no se mueve en relación a éste, como es el caso de los disminuidos auxiliares. Según sea su procedencia se podrán clasificar en: de paso, bordadura, o no preparados, al igual que las notas de aproximación.

5.4.1 De paso

Se consideran así a los disminuidos que unen dos acordes diatónicos y vecinos.

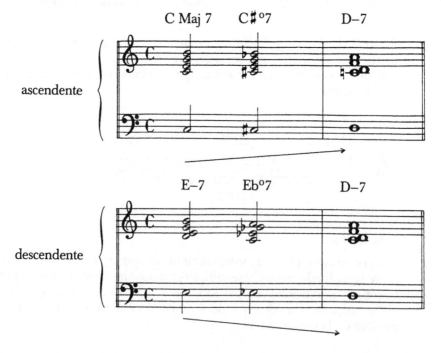

5.4.2 **Bordadura**

Se considera así al acorde disminuido que resuelve sobre el mismo acorde diatónico del que procede.

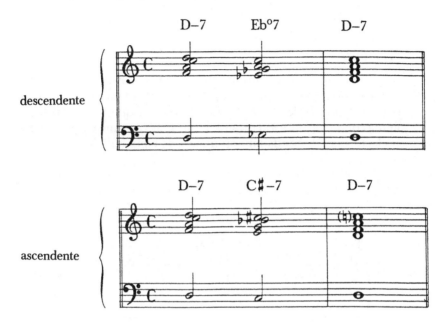

5.4.3 **No preparados**

Están en este grupo los disminuidos, cuya fundamental está atacada por salto.

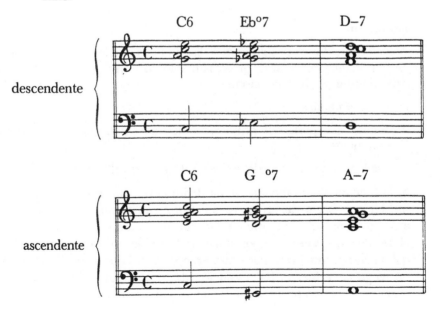

En estas tres clasificaciones anteriores sólo están incluidos los disminuidos ascendentes y descendentes ya que los auxiliares sólo funcionan como retardo, o como relleno.

5.4.4   **Cromática**

Básicamente, la función cromática la tienen todos los disminuidos ya que siempre algunas de sus voces resuelven así, y además se forman sobre un grado cromático de la escala. Los auxiliares que no cumplen con esta última condición, funcionan también cromáticamente ya que muchas veces su efecto es el de bordadura cromática de alguna de las voces del acorde objetivo.

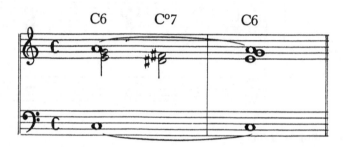

5.4.5   **Dominante**

En determinados casos los acordes disminuidos pueden obtener la calidad de dominante secundario, principalmente en el modo mayor; para ello deben reunir varias condiciones:

a) ser ascendentes;

b) ocupar una parte del ritmo armónico adecuada para la función de dominante;

c) resolver sobre un acorde en estado fundamental.

Si la función de dominante venía definida por un tritono y una fundamental que hacía de las notas del tritono la tercera y la séptima del acorde, la función de dominante de un disminuido sólo viene dada por el tritono, concretamente por el tritono formado por su fundamental y su quinta disminuida, esto hace que en este caso la función de dominante no tenga tanta fuerza. La resolución de tritono, sin embargo, sí será la usual, resolviendo sobre la fundamental y tercerra del acorde objetivo.

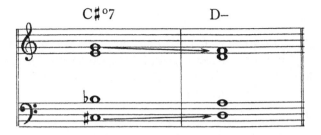

Aunque en cuatríadas estas resoluciones no son en absoluto rigurosas, ya que otra voz resuelve sobre una de las notas objetivas del tritono.

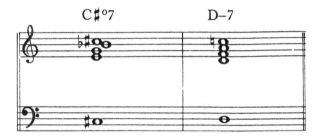

5.4.6 **Retardo**

Esta función la puede producir cualquier disminuido que ocupa una parte más importante del ritmo armónico que su acorde objetivo; los disminuidos auxiliares son los que más frecuentemente se utilizan con esta función.

El mejor caso de este funcionamiento se encuentra cuando la relación melodía-armonía produce una tensión en el disminuido.

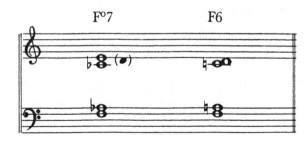

5.4.7 Relleno

Cuando se desea más actividad armónica en la duración de un acorde, los disminuidos auxiliares son un buen recurso para ello, principalmente cuando el "relleno" debe producirse sobre un acorde importante de la tonalidad, en particular el I, o el V.

Cuando son utilizados de esta forma, los disminuidos auxiliares ocupan una parte más débil del ritmo armónico que su acorde objetivo y de partida, que en este caso han de ser el mismo acorde.

El efecto conseguido con ellos es el de bordadura cromática en dos voces del acorde principal.

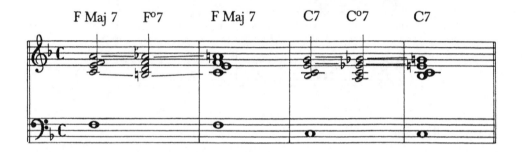

5.5 RESOLUCIONES ALTERNATIVAS

Aquí se engloban todas las resoluciones de los disminuidos sobre acordes no en estado fundamental. Estas resoluciones se producen preferentemente sobre inversiones del acorde I, o del V.

5.5.1 Casos principales

a) El ♯ I°7 resuelve sobre el V/5

b) El ♯ II°7 resuelve sobre el I/3

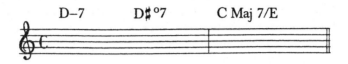

c) El ♯ IV°7 resuelve sobre el I/5

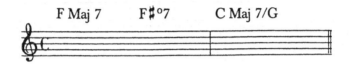

d) El bIII°7 resuelve sobre el V/5

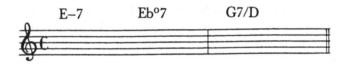

También es frecuente la utilización de los acordes disminuidos de paso viniendo de un acorde invertido, y como en los casos anteriores, siendo éste una inversión de acordes importantes como el I, o el V principalmente.

a) I/3 - bIII°7 - II-7

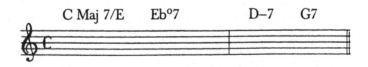

b) I/5 - V°7 - VI-7

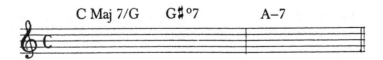

5.6 RESOLUCIONES ESPECIALES

Los acordes disminuidos que se forman sobre alguno de los grados cromáticos, y aunque su normal resolución es por semitono hacia un acorde diatónico, pueden en situaciones especiales resolver sobre un dominante secundario cuya fundamental es la misma que la del acorde diatónico objetivo del disminuido.

5.7 SUBSTITUCION Y REARMONIZACION DE LOS ACORDES DISMINUIDOS

La sonoridad de los acordes disminuidos es blanda, debido a que están formados por dos tritonos, a la distancia de tercera menor que existe entre voces adyacentes y a la resolución cromática de algunas de sus voces.

Estos acordes se identifican con la música de los años 30-40 ya que, en general, a partir de esta época se prefiere rearmonizarlos, para obtener enlaces más fuertes dentro de la progresión armónica.

El sonido de dominante dado por un V7, o el de un patrón II-7 V7, es mucho más fuerte que el de un acorde disminuido y la substitución o rearmonización por éstos dará mayor fuerza a los movimientos armónicos, pero a su vez hay que tener en cuenta que la progresión perderá en parte su sonoridad original, así que, según sea el objetivo perseguido estas substituciones o rearmonizaciones tendrán sentido o no. Es decir, si lo que se pretende es conservar la sonoridad de la época en la que los acordes disminuidos eran habituales, éstos no deberán ni rearmonizarse ni substituirse, pero sí deberá hacerse si el objetivo es el de "modernizar" la progresión armónica.

La normal substitución de un disminuido se hace por la de un acorde de dominante y se considera una rearmonización cuando el ritmo armónico ocupado por el disminuido se otorga a un patrón II-V.

Función de dominante

A fin de encontrar el adecuado dominante o II-V que pueda substituir o rearmonizar un determinado acorde disminuido, se tienen en cuenta los dos tritonos que lo forman. Cada tritono implica dos acordes de dominante.

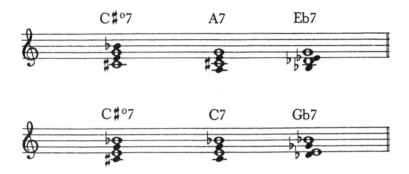

Cada dominante implicado debe tener la tensión b9, ya que ésta es nota del acorde disminuido.

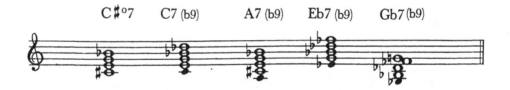

La resolución de un acorde disminuido con función de dominante se produce sobre el acorde diatónico cuya fundamental está un semitono encima de la suya.

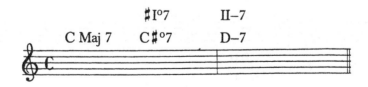

61

De los cuatro dominantes resultantes, dos tienen resolución de dominante sobre el acorde objetivo del disminuido.

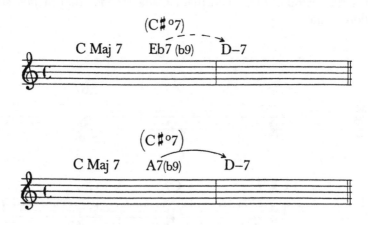

La función para estos acordes sería la de dominante secundario o dominante substituto del objetivo. Ya que los dominantes substitutos utilizan escala lidia b7, y en consecuencia las tensiones, 9, ♯ 11 y 13, la tensión b9 necesaria para la substitución o rearmonización no estaría presente, así pues, la substitución de un acorde disminuido se realiza por medio de un dominante secundario cuyo objetivo es el mismo que el del acorde disminuido.

♯ I°7	- II-7	V7(b9)/II
♯ II°7	- III-7	V7(b9)/III
♯ IV°7	- V7	V7(b9)/V
♯ V°7	- VI-7	V7(b9)/VI

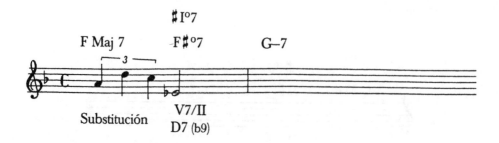

Todo dominante puede compartir la duración de su ritmo armónico con su II-7 relativo; en este caso éste debe ser II-7(b5), ya que la quinta disminuida es a su vez la b9 del dominante y nota del acorde disminuido substituido.

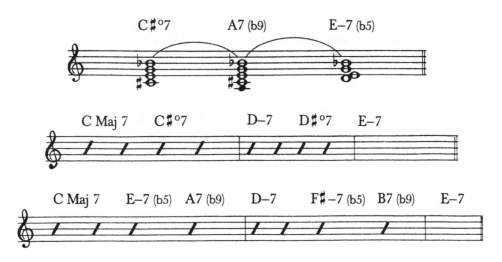

En cualquier caso, tanto si se utiliza un dominante como un patrón II–V en el lugar del acorde disminuido, la relación melodía-armonía debe permitirlo.

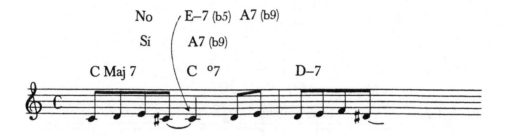

5.7.2 Sin función de dominante

Los disminuidos sin función de dominante más frecuentes son el bIII°7, I°7, y las resoluciones sobre el acorde de tónica invertido de los acordes ♯ II°7, ♯ IV°7.

5.7.2.1 El bIII°7

Los dominantes implicados por los dos tritonos del acorde son:

Ninguno de estos acordes hace resolución de dominante hacia el acorde objetivo del disminuido (bIII°7 - II-7). Sólo en el caso de que el II-7 se moviera hacia el V7, se podría tener en cuenta la substitución por el V7/V.

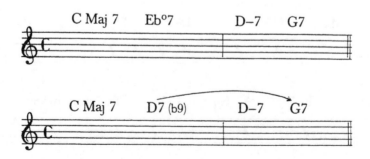

De hecho, lo que sucedería en este caso, es que se alteraría el objetivo, ya que el acorde disminuido tiende hacia el II-7, y en cambio el dominante secundario que substituiría a éste, tiende a resolver sobre el V.

Aquí la rearmonización usual está derivada de la enarmonía de este acorde, bIII°7, con el ♯ II°7. Si para este último se ha utilizado la rearmonización con el patrón ♯ IV-7(b5) V7(b9)/III, dado que el sonido es idéntico en ambos, la rearmonización también podrá serlo.

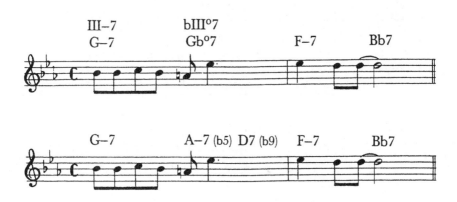

Evidentemente la relación melodía-armonía debe permitir la rearmonización, y además, como en este caso ésta viene dada por enarmonía y no por su tendencia, cuanto más corta sea la duración del ritmo armónico rearmonizado, mejor será el resultado obtenido.

5.7.2.2 El I° 7

Este es un acorde disminuido auxiliar que resuelve sobre el acorde de tónica I, es enarmónico del bIII°7, y por lo tanto también del ♯ II°7. Los cuatro dominantes implicados por sus tritonos serán también los mismos.

Tampoco aquí la resolución de ninguno de estos dominantes hacia el acorde I es una usual resolución de dominante, teniendo en cuenta la rearmonización aplicada al bIII°7 por su enarmonía con el ♯ II°7, se acostumbra a hacer lo mismo con este acorde; además, esta rearmonización tiene aquí una mayor justificación ya que el patrón ♯ IV-7(b5) V7(b9)/III tiende a III-7, que es un acorde con función de tónica al igual que el I.

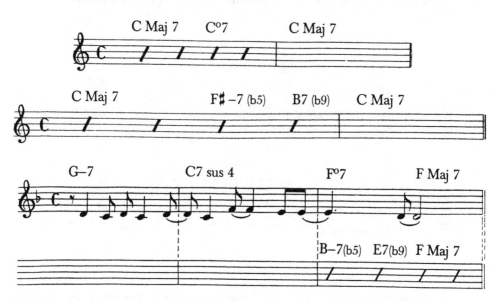

5.7.3 Resoluciones sobre acordes no en estado fundamental

Las situaciones más típicas de resoluciones de acordes disminuidos sobre acordes invertidos se producen sobre el acorde de tónica I.

5.7.3.1 ♯ II°7 - I/3

La rearmonización es la usual para el ♯ II°7, ya que el acorde objetivo es también un acorde de tónica.

5.7.3.2 ♯ IV°7 - I/5

Este disminuido es también enarmónico del ♯ II°7, y además resuelve también sobre un acorde de tónica, así que la usual rearmonización será también ♯ IV-7(b5) V7(b9)/III.

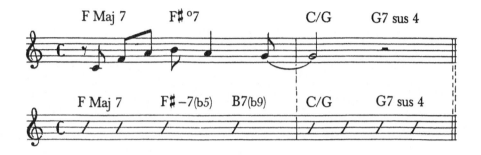

5.8 RESUMEN

Los acordes disminuidos son poco frecuentes en la música actual (años 60 en adelante) por lo que normalmente ya no se encuentran en composiciones recientes, en las que se prefiere el dominante o el patrón II-V en su lugar.

acorde		rearmonización
♯ I°7		−7(b5) V7(b9)/II
♯ II°7	con función de	♯ IV−7(b5) V7(b9)/III
♯ IV°7	dominante	−7(b5) V7(b9)/V
♯ V°7		−7(b5) V7(b9)/VI
I°7		
bIII°7	sin función de	
♯ II°7	dominante	♯ IV−7(b5) V7(b9)/III
♯ IV°7		

Otros disminuidos como el bVII°7, bVI°7, u otras resoluciones de los disminuidos estudiados en este capítulo son posibles aunque muy raras, ya que en general éstas tienden a sonar con otra función. Es decir, por ejemplo, el uso de bVII°7 resolviendo sobre VI-7, tiende a convertir el enlace en bIII°7 - II-7, y por lo tanto a modular. En el hipotético caso, sin embargo, de encontrar alguno de éstos, las rearmonizaciones vendrían dadas por nuestro criterio, siguiendo las pautas de buscar los dominantes implicados por los tritonos que forman al disminuido y por la enarmonía con otros acordes disminuidos.

VI. LAS FORMAS STANDARD

La organización del conjunto de motivos y frases de las que se compone un tema, una obra musical, puede hacerse de maneras muy diversas, aunque existen algunas más frecuentes denominadas estándar.

6.1 EL BLUES

El blues es algo más que una forma musical, ya que de hecho toda la música moderna debe algo al blues, ya sea en su armonía, melodía, forma, expresión, ...

Originalmente el blues fue una música popular, folk, de un determinado grupo social, que tiene su origen en el pueblo negro americano en la época de la esclavitud. Posteriormente ha sido la base para el desarrollo de una gran parte de la música actual.

6.1.1 Melodía, armonía, y forma

El blues utiliza normalmente la escala mayor como base, con la adición de las denominadas "blue notes", que son principalmente los grados bIII, y bVII y en ocasiones el bV.

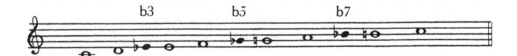

Muchos blues utilizan sin embargo una simplificación de esta escala, y usan una de cinco o seis sonidos formada por los grados I, IV, V más las "blue notes".

Melódicamente, las blue notes, se utilizan principalmente para evitar el semitono diatónico que existe entre los grados III–IV, y VII–VIII(I), ya que el "sabor" a blues no incluye estos movimientos melódicos.

Esto no significa que dichos grados no puedan usarse melódicamente.

Una fuerte característica en el blues, es que es mayor en cuanto a la armonía se refiere, pero melódicamente es mayor-menor. Otra es la colocación rítmico-armónica de sus acordes, principalmente el I, y el IV que normalmente siempre es la misma. Evidentemente se pueden encontrar excepciones y variaciones frecuentes a estas pautas, pero lo que normalmente se entiende por un blues las seguirá:

La forma típica de blues es de doce compases en los que se sitúa el motivo principal en los cuatro primeros. En los cuatro siguientes se repite el mismo motivo, con o sin variaciones y adecuado a la armonía del momento, para presentar un nuevo motivo en los cuatro últimos. El esqueleto base sobre la colocación de la armonía está formado por el acorde I en el primer compás, el IV en el quinto, el I en el séptimo, el V en el noveno y finalmente el I en el onceavo.

1	2	3	4	5	6	7	8	9	10	11	12
I				IV		I		V		I	

Tomando esto como base, el blues más sencillo mantiene los acordes indicados hasta el próximo cambio, aunque cualquier variación por medio de cadenas, II–V cromáticos, dominantes secundarios, y otros recursos de variación armónica es posible.

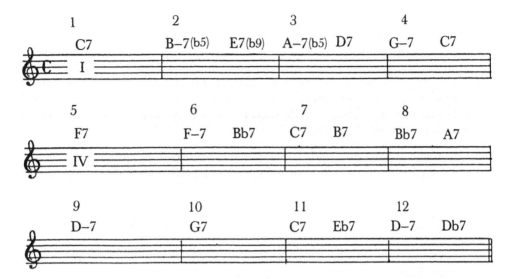

Como ya se ha comentado anteriormente el blues es normalmente mayor armónicamente, ya que lo son sus tres acordes principales I, IV, V. Cuando se utilizan acordes cuatríadas lo más usual es que éstos sean de la especie de dominante, el I por la adición de la blue note b7, y el IV por la de la b3.

En las superestructuras de estos acordes se puede apreciar que el I7 puede extenderse con la novena, o la novena aumentada, según se use la blue note b3, o la nota de la escala mayor base.

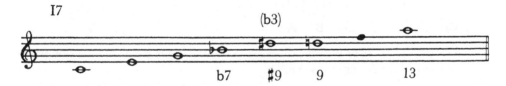

El acorde IV7 se extiende a través de la novena, la onceava o la onceava aumentada, y la treceava.

La utilización de "blue note" que altera la extensión del acorde también afectará a la escala del momento. Así, por ejemplo, el IV7 podrá usar lidia b7, o mixolidia según sea uno u otro caso.

6.2   LOS BINARIOS

La forma más simple de agrupación de frases musicales es el denominado "binario simple", que está formado por dos frases que se van repitiendo alternativamente. Cada una de éstas recibe varios nombres; los más usuales son los de "verso" y "estribillo".

En una canción que utilice esta forma, lo normal es que el verso tenga distinta letra cada vez que se interpreta, mientras que el estribillo repetirá siempre la misma.

/ / : A   B : / /   / / : verso   estribillo : / /

Variaciones sobre esta forma son usuales, incluso incluyendo tres o más frases distintas.

/ / : A   A   B : / /   / / A   B   C : / / ...

/ / A   B   A   B   A   B   C   A   B / /

Los temas denominados estándar están basados en un sistema binario doble, llamado también binario compuesto. Aquí el estribillo recibe casi siempre el nombre de "coro", y es en sí una forma binaria.

/ / verso   coro o estribillo / /

Coro: / / A   A   B   A / /

Dentro del coro se utilizan diversas combinaciones de al menos dos frases distintas. La más típica es AABA.

En este tipo de temas, es costumbre no tocar el verso más que una vez, y a continuación, repetir el estribillo las veces necesarias; en muchos casos el verso se suprime, con lo que el tema se convierte en un binario simple.

Otras formas son posibles en la agrupación de frases musicales pero, en general, muchas de ellas no son sino variaciones de las mencionadas, como idea general y, aunque nada es absoluto, se podría decir que una obra musical debe contener al menos dos frases distintas, y cada una de éstas al menos dos motivos, o motivo y contramotivo o respuesta.

VII. TENSIONES NO USUALES

Los acordes están divididos en especies, y en cada una de ellas hay unas tensiones que representan la lógica expansión del acorde, y lo convierten en uno de cinco, seis o más notas.

Si esta expansión se hiciera a través de tensiones no pertenecientes a las de su especie, el resultado conseguido sería el de otro acorde.

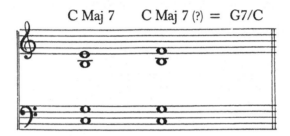

Si se añade una nota extraña (una tensión no de la especie), el resultado es el de un retardo o el de una apoyatura, ambos más cercanos a la armonía tradicional. El retardo y la apoyatura, si bien comparten un mismo objetivo, el de hacer oír una nota extraña a la armonía, se diferencian en que, en el primero, dicha nota viene preparada, o sea se hace oír en la armonía inmediata anterior, mientras que en la apoyatura esta nota extraña ataca directamente en su armonía objetivo. En ambos casos la nota extraña tiende a resolver sobre la nota del acorde omitida por ella.

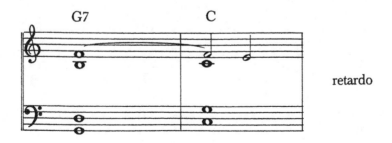

retardo

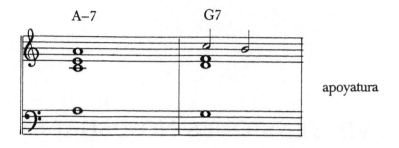

apoyatura

Sin entrar en consideraciones sobre armonía tradicional, es evidente que la apoyatura creará un efecto mucho más incisivo que el retardo, sobre todo si está formado por una nota disonante con respecto a la armonía sobre la que produce su efecto.

En la armonía moderna estos conceptos son de menor importancia, por lo que se tiende a cifrar el efecto producido por ellos como un nuevo acorde.

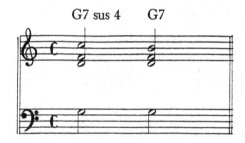

7.1   ACORDE MAJ7 (1,3,5,7)

Lo más frecuente es la suspensión producida por las tensiones 11, y 9; normalmente se omiten la tercera y séptima del acorde.

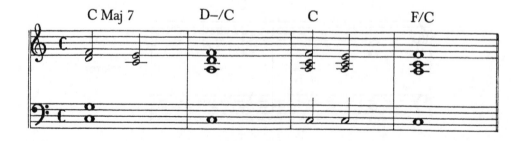

7.2 ACORDE DE DOMINANTE (1,3,5,b7)

La tensión 10 es posible en un V7sus4, sobre todo melódicamente o como primera voz usada como tensión armónica.

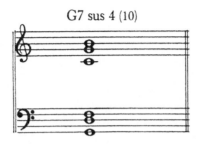

G7 sus 4 (10)

7.3 ACORDE −7 (1,b3,5,b7)

Se puede usar la tensión 13, aunque normalmente no se encuentra en situaciones de II–V.

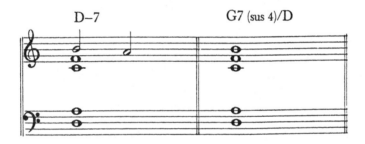

D−7   G7 (sus 4)/D

7.4 ACORDE −7 (b5) (1,b3,b5,b7)

La tensión b9 es posible cuando el acorde utiliza escala locria, aunque por lo general sólo se usa como tensión melódica.

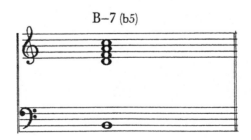

B−7 (b5)

VIII. CADENAS DE II–V

El patrón formado por un acorde II–7 seguido de su V7, es probablemente el más importante y el más usado en la música de nuestro tiempo. Es difícil encontrar alguna progresión en la que en un momento u otro no aparezca. El oído, por lo tanto, está habituado a él y esto permite que pueda ser utilizado muy libremente.

8.1 POR EXTENSION

Los II–V por extensión[1] representan una cadena de acordes (II–V) ligados entre sí por la resolución de dominante del acorde V, sobre el próximo II o V. La relación entre un determinado II–V y el siguiente está en el intervalo de cuarta justa que hay entre la fundamental del V7, y la de su acorde de resolución, ya sea un II–7 o un V7.

II–7 V7	II–7 V7	II–7 V7
II–7 V7	II–7 V7	II–7 V7
II–7 V7	II–7 V7	II–7 V7

C–7 F7   Bb–7 Eb7   Ab–7 Db7

C–7 F7   F–7 Bb7   Bb–7 Eb7

C–7 F7   Bb–7 Eb7   Eb–7 Ab7

[1] Teoría musical y armonía moderna, vol. I. Ap. 25.2.3.

8.2 SUBSTITUTOS POR EXTENSION

Cuando se estudiaron los dominantes substitutos se vio cómo otra posible resolución para un dominante era la de hacerlo sobre un acorde cuya fundamental se encontrara un semitono por debajo de la suya. Mediante la aplicación de este recurso se pueden crear cadenas de acordes que utilicen esta resolución.

Si en el patrón usual II–V cambiamos el acorde V7 por su substituto, obtendremos un patrón II–V cromático, denominado así por el semitono que existe entre la fundamental del II–7 y la del SubV7.

II – V   C–7 F7   BbMaj7

II – SubV7   C–7 B7

Este patrón cromático también puede producirse al usar el II–7 relativo al SubV7, junto con el V7.

II–7   SubV7   Ab–7 Db7   CMaj7

II–7   V7   Ab–7 G7

Cada dominante pues, tiende a resolver hacia dos fundamentales: una a cuarta justa ascendente y la otra a semitono descendente de la suya. Además, como se ha visto anteriormente, un acorde de dominante puede estar precedido de su II–relativo o su II–7 cromático, con lo que se pueden obtener las siguientes combinaciones:

D–7   G7   C

Ab–7 Db7 Gb

D–7   Db7 C

Ab–7 G7   Gb

D–7   G7   Gb

Ab–7 Db7 C

D–7   Db7 Gb

Ab–7 G7   C

Puesto que la resolución de un patrón II–V puede producirse tanto sobre el II como sobre el V del siguiente patrón, se podrán usar las siguientes combinaciones para crear cadenas.

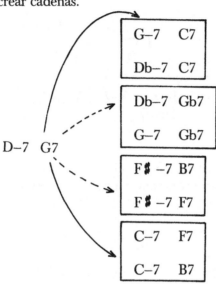

O también, viendo el proceso desde un determinado objetivo al que se puede llegar desde distintas situaciones.

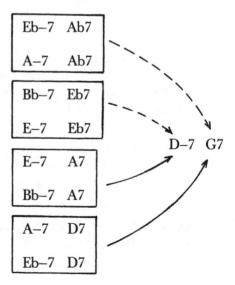

En las progresiones armónicas formadas por una sucesión de patrones II–V, tanto si son por extensión o cromáticos, la relación escala acorde es para los II–7 la escala dórica en ambos casos, y para los dominantes, mixolidia o lidia b7. La elección entre estas dos últimas viene dada por el tipo de resolución que efectúa el dominante, según sea ésta sobre un acorde cuya fundamental está a cuarta justa ascendente de la suya o a semitono descendente.

```
|  C–7    F7  |  Bb–7    A7  |  Ab–7    Db7  |
         Mix.            Lid.b7
```

```
|  C–7    F7  |  F–7    Bb7  |  E–7    A7  |
         Mix.           Lid.b7
```

En ocasiones la resolución del último dominante de la cadena se puede aplicar paralelamente a los anteriores, al margen de cuál sea su resolución.

```
|  G–7    Gb7  |  F–7    E7  |  Bb–7    Eb7  |  D–7    G7  |  CMaj7
                                                        Mix
```

```
|  F–7    F7  |  Bb–7    Eb7  |  Ab–7    Db7  |  CMaj7  |
                                          Lid.b7
```

Cuando la unión entre un patrón y el siguiente se produce por la resolución del acorde de dominante sobre el II–7 y la fundamental de éste se encuentra a cuarta justa ascendente de la suya, se puede usar en el dominante la escala mixolidia b13.

```
|  C–7    F7  |  Bb–7    Eb7  |  D–7    Db7  |
         Mix.b13           Lid.b7
```

Como puede verse, la relación escala-acorde dentro de una cadena de acordes, es bastante libre. Lo que no lo es tanto, es la escala a usar en el último patrón, a fin de preparar la llegada al objetivo.

En una progresión en cadena, el sentido tonal puede desaparecer fácilmente, sobre todo en cadenas largas. De ahí la libertad durante el proceso y la necesidad de preparar el objetivo al final del mismo.

Tono C

CMaj7 | G–7 C7 | C–7 F7 | Bb–7 Eb7 | Ab–7 Db7 | CMaj7

        (V7/IV)   (SubV7/III)   SubV7/I

          (?)   (??)

En el ejemplo anterior y en el primer patrón II–V, el V7 puede parecer el dominante secundario V7/IV, aunque, al seguir la progresión, este sentido desaparece en el siguiente patrón, el V7 de éste aun cuando en abstracto éste tiene una función específica en el tono de "C" (Sub V7/III), ésta no se aprecia en absoluto, por lo que la relación escala-acorde será bastante a criterio del intérprete. En el siguiente patrón, la función específica del V7 de éste tampoco se aprecia, sobre todo por estar ya precedido de dos patrones que progresivamente han ido haciendo perder la idea tonal. Pero en el siguiente sí es importante usar la escala adecuada en relación a su función absoluta dentro de la tonalidad, ya que, por ser el último antes del objetivo, debe tratar de implicarlo y prepararlo en lo posible.

Si en este mismo ejemplo el objetivo hubiera sido el acorde Gb–, con la intención de modular hacia este tono, lo lógico habría sido usar la escala mixolidia b13 en el dominante, ya que en este tono, el V7/I la usa normalmente.

CMaj7 | G–7 C7 | C–7 F7 | Bb–7 Eb7 | Ab–7 Db7 | Gb–7

                                               V7/I

En los casos en que el primer patrón II–V puede oírse "diatónico" o en cadena, la utilización de las escalas revelará su auténtica función.

Tono "C"

CMaj7 | E–7   A7 | D–7   Db7 | C–7   B7 | E–7

escalas   *frigia*   *Mix.b13 Dór.*   *Lid,b7*   *Dór. Mix.b9,b13 frigia*

Según estas escalas el primer patrón se oye diatónico a "C", II–7 V7/II, el segundo también II–7 SubV7/I, el tercero aun cuando no se oye tan diatónico como los anteriores, al acercarnos al objetivo, también hace oír el tono de "C", ya que el acorde B7 al usar mixolidia b9,b13 implica V7/III.

Pero si se desea un efecto en cadena desde el primer patrón se deben usar escala dórica en los II–7, y mixolidia, mixolidia b13, o lidia b7 en los dominantes y, en cualquier caso, mantener la escala en el último dominante que es el que nos conducirá al objetivo.

Aquí, como en muchas otras situaciones, la relación escala-acorde está en manos del compositor o del intérprete, y la elección de una u otra escala no será ni mejor ni peor, ya que, a fin de lograr el objetivo buscado, lo esencial es un buen criterio a la hora de escoger.

8.3 CONTINUOS

Como ya se ha explicado anteriormente, el patrón II–V es muy usual y el oído está muy habituado al mismo; esto permite muchas libertades en su utilización, incluso la de dejarlo sin resolver. En los casos estudiados anteriormente, el dominante con su resolución, servía de puente entre un patrón y el siguiente. En los II–V continuos la relación entre patrones adyacentes se produce por la proximidad de sus fundamentales.

El dominante de un II–V continuo enlazará con el siguiente patrón si la fundamental del II–7, o la del V7 de éste, está a grado (tono o semitono) de la suya.

Así pues, los II–V continuos podrán ser ascendenntes o descendentes según el movimiento de fundamentales de enlace.

En el grupo de los descendentes, concretamente en tres casos, se produce resolución de dominante, con lo que queda justificado el enlace.

| C–7   F7 | E–7   A7 | ⎤
| C–7   F7 | B–7   E7 | ⎦ } semitono

| C–7   F7 | Bb–7   Eb7 | ⎤
| C–7   F7 | Eb–7   Ab7 | ⎦ } tono

En este último caso no hay resolución de dominante, con lo que la unión entre los patrones se produce por el grado de tono que existe entre la fundamental del dominante "F", y la del II–7 del siguiente patrón "Eb".

Los II–V continuos ascendentes más típicos son los que tienen las fundamentales de los dominantes relacionadas.

| C–7   F7 | C#–7   F#7 |

| C–7   F7 | D–7   G7 |

Cuando la relación se produce entre la fundamental del dominante y la del II–7 del siguiente patrón se crea un efecto no en cadena.

| C–7   F7 | F♯–7   B7 |

En el caso de ser un semitono lo que separe ambas fundamentales, el efecto del segundo patrón es el de ser un substituto del primero, ya que los dos dominantes contienen el mismo tritono. Si esta separación entre fundamentales es de tono, el efecto es que el segundo patrón tiende hacia el anterior.

| C–7   F7 | G–7   C7 | C–7   F7 |

Esto motiva que los dos últimos casos de II–V continuos no sean muy frecuentes.

Con respecto a la relación melodía-armonía, son válidos aquí todos los comentarios hechos anteriormente referentes a los II–V en cadena.

En cuanto a los usos de estos II–V continuos, los ascendentes son utilizados a menudo como un patrón intercalado en una cadena, con lo que momentáneamente rompen el objetivo de la misma.

| E–7   A7 | D–7   G7 | Eb–7   Ab7 | D–7   G7 | CMaj7
                            continuo

Otras veces ellos mismos tienen un objetivo.

| EbMaj7 | D–7   G7 | Eb–7   Ab7 | E–7   A7 |F–7   Bb7 | EbMaj7

Los descendentes, dado que en general se justifican por la resolución de su dominante, son usados en las cadenas de la forma usual.

8.4   CON INTERCAMBIO MODAL

El patrón II–V puede usar intercambio modal simplemente cambiando los acordes que lo forman por sus homónimos en relación a su centro tonal menor del momento. Esto convierte el II–7 en II–7(b5) y el V7 en V7(b9).

Estos cambios no modifican en absoluto las posibilidades descritas anteriormente sobre las cadenas de II–V, y son, por lo tanto, aplicables aquí todos sus recursos.

| D–7(b5)   G7(b9) | C–7(b5)   F7(b9) |
| D–7(b5)   G7(b9) | G–7(b5)   C7(b9) |

y todas las combinaciones descritas en substitutos por extensión.

Además y dado que en este caso el II–V implica la relación subdominante menor-dominante, en lugar del acorde II–7(b5), puede usarse otro acorde de función tonal similar. En este caso el bVIMaj7, a fin de lograr un patrón cromático.

| AbMaj7   G7(b9) | GbMaj7   F7(b9) | EMaj7   Eb7(b9) |

Aunque el usual II–V cromático sea el más frecuente.

| Ab–7(b5)   G7(b9) | Gb–7(b5)   F7(b9) | E–7(b5)   Eb7(b9) |

8.5   LINEAS CROMATICAS

Una sucesión de patrones II–V lleva siempre implícita una o varias líneas melódicas cromáticas, que son las que realmente dan el sentido de cadena a la progresión.

Aunque no imprescindible, es muy aconsejable que una melodía o una improvisación sobre una de estas cadenas, esté basada sobre algunas de las líneas cromáticas que en ellas se forman.

Estas líneas cromáticas, tal y como su nombre indica, están formadas por una sucesión de notas cromáticas moviéndose en la misma dirección, y en general, descendentes. Aunque no forzosamente deberá ser una nota distinta en cada armonía, ya que si es nota común ésta se mantendrá.

8.5.1 **Por extensión**

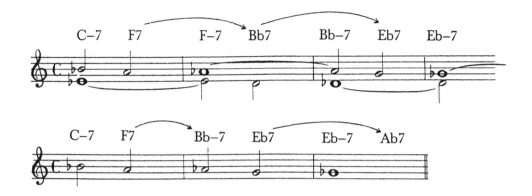

8.5.2 Substitutos por extensión

Aunque en algunos de estos casos se pueden producir líneas cromáticas entre las fundamentales o quintas de los acordes, se prefieren las formadas entre notas guías.

Hay enlaces que rompen una determinada línea cromática. Cuando esto sucede, otra nace a partir de la otra nota guía.

8.5.3 Continuos

Los enlaces producidos por II–V continuos descendentes pueden englobarse en los casos anteriores. Los ascendentes permitirán además, líneas cromáticas ascendentes.

También aquí, cuando una de estas líneas se rompe, otra nueva podrá ser creada a partir de una de las notas guías.

IX. GRADOS ALTERADOS Y LINEAS CROMATICAS

Además de los siete grados naturales que forman una determinada escala, existen cinco sonidos cromáticos que forman diez notas cromáticas.

Aunque el sonido temperado de las notas enarmónicas sea el mismo, no lo es su tratamiento. Así, hay que distinguir entre un Do sostenido y un Re bemol, ya que ambos funcionan de distinta manera, aun y siendo el mismo sonido.

9.1 GRADOS ALTERADOS

Cualquiera de los siete grados naturales puede alterarse aumentándolo o disminuyéndolo en un semitono, excepto cuando el resultado es otro sonido natural.

Do mayor   Do menor

La normal resolución de un grado aumentado es sobre el grado natural superior y para los disminuidos, sobre la del inferior.

9.1.1 Armonización de los grados alterados

Cuando un grado alterado tiene un predominio vertical, la armonización de éste implicará generalmente una modulación momentánea, y su resolución se verá afectada por la relación melodía-armonía con el acorde del momento.

En el caso de que el grado alterado sea una nota de aproximación ésta mantendrá su usual resolución ascendente o descendente según se trate de un grado aumentado o disminuido.

Aunque en ambos casos del ejemplo anterior el sonido de la línea melódica es el mismo, la escritura del segundo no es adecuada ya que implica una ilógica resolución de los grados alterados o una escritura inadecuada de los mismos.

9.2 LINEAS MELODICAS CROMATICAS

Como su mismo nombre indica, estas líneas están formadas por una sucesión de notas por semitonos. Y usarán los grados aumentados si son ascendentes y los disminuidos si son descendentes.

9.2.1 Armonización de las líneas cromáticas

En muchas situaciones estas líneas son tratadas como un conjunto de notas de aproximación cuyo objetivo es la última nota de la sucesión cromática. En estos casos, la relación melodía-armonía no se debe tener en cuenta y su efecto es simplemente de color melódico.

En otros casos, esta línea melódica cromática puede tener predominio vertical, con lo que implicará una armonización introtonal.

9.2.2 Clichés cromáticos

En general se denomina cliché a la armonización realizada sobre una línea cromática.

Los clichés más típicos se producen en el modo menor y sobre una línea descendente que une el I grado con el V, siendo armonizada con acordes diatónicos. Esta línea cromática descendente es el resultado de superponer los tetracordos superiores de las escalas menor natural y menor melódica, con lo que aún y siendo una línea cromática está formada únicamente por grados diatónicos.

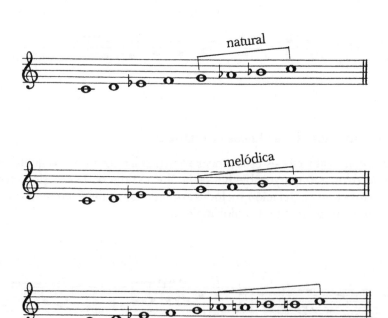

En los clichés, la línea cromática acostumbra a situarse en el bajo, aunque también puede estar en alguna voz interior e incluso en la melodía.

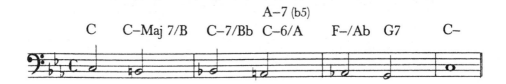

La armonización de estos clichés empieza normalmente con el acorde I y éste, seguido de inversiones sobre sí mismo. A continuación, aparecen algunos acordes de subdominante para finalmente llegar al de dominante.

9.2.3 Clichés incompletos

Son clichés cromáticos a los que se les ha omitido alguna nota. Lo más usual es suprimir alguno de los grados procedentes del tetracordo de la escala menor melódica ($\natural$ 6, $\natural$ 7)

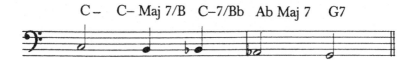

9.2.4 Clichés en el modo mayor

Aunque lo más usual es el utilizar los clichés en el modo menor, también pueden usarse en el modo mayor.

Es frecuente encontrar la línea cromática entre el VI y el III grados. Esta es en realidad la línea entre el I y el V grado del modo menor relativo,

Aunque estos casos son los más frecuentes, no deben descartarse en absoluto otras posibilidades.

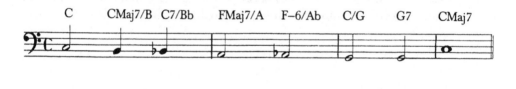

X. CADENCIAS ROTAS

El efecto de cadencia rota se obtiene por medio de crear al oído un deseo armónico que luego no se produce. Para ello, el método más usual es el de utilizar el acorde de dominante (V7) ya que el oído tiende, en determinadas circunstancias, a desear oír el acorde de tónica (I) inmediatamente después de este acorde de dominante. Cuando se rompe este encadenamiento, o sea otro acorde sigue al V7, se produce una cadencia rota.

Sin embargo, para conseguir el efecto de cadencia deben producirse ciertas condiciones relacionadas con el ritmo armónico y la curva melódica. La cadencia auténtica, por ejemplo, se produce al mover el acorde de dominante V7 hacia el de tónica I, al formar ambos parte de la misma frase. Igual sucede en la cadencia rota, donde tanto el acorde de dominante como el que ocupa el lugar del de tónica deben formar parte de la misma frase.

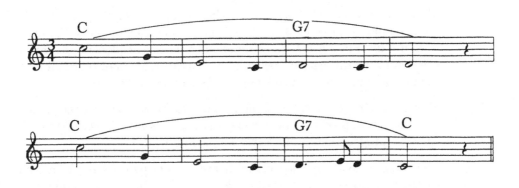

En el ejemplo anterior, en la primera frase se produce una semicadencia, mientras que en la segunda, la cadencia es auténtica. El acorde G7 que ocupa los compases tres y cuatro se mueve en el quinto hacia C pero no produce cadencia, ya que la frase había acabado con él, produciendo semicadencia. En cambio, en el compás siete, este mismo acorde se mueve también hacia C, y crea una cadencia auténtica, ya que ambos acordes forman parte de la misma frase.

Para conseguir una cadencia rota se deberán crear las mismas condiciones que para una auténtica y romperla usando otro acorde en el lugar del I.

En el ejemplo anterior, el acorde A– es el que ocupa el lugar del I y crea la cadencia rota. El efecto obtenido es que la frase acaba, y que el tema, la música, continúan.

10.1 LAS CADENCIAS ROTAS STANDARD

El hecho de denominar standard a estas cadencias viene dado por el frecuente uso que de ellas se ha hecho en música popular, jazz, y música moderna en general. La forma en la que usualmente se sigue la progresión armónica después de algunas de estas cadencias, es típica de musicales, música para películas, y es usada tanto dentro de la forma del tema como en modulaciones o enlace entre distintos temas.

En cada uno de los casos siguientes, se indica, además del acorde sobre el que se produce la cadencia rota, varias formas típicas de continuar la progresión armónica hacia el acorde I.

Se indican solamente los cambios armónicos, pero debe tenerse en cuenta siempre al escoger una cadencia rota, que la relación melodía-armonía debe permitirlo y que quizá el mejor efecto se consigue cuando en la melodía está la tónica (primer grado).

10.1.1 Acordes de tónica

Las cadencias rotas más frecuentes son las que utilizan en lugar del acorde de tónica I otro acorde de la misma función.

10.1.1.1   VI(VI–7)

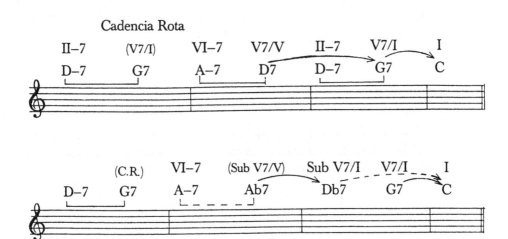

10.1.1.2   III(III–7)

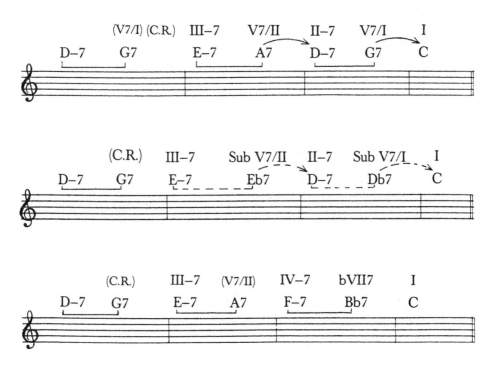

10.1.2   III–7(b5)

Este acorde se puede entender como una "bluesización" del acorde III–7, muy emparentado con el I7. Las cadencias rotas sobre este acorde son las mismas que las usadas sobre el III–7.

10.1.3   ♯ IV–7(b5)

Cuando este acorde es usado en cadencia rota, tiende a sonar como tónica alterada, ya que tanto su estructura base como su superestructura es la propia de un acorde de tónica con la tensión ♯ 11.

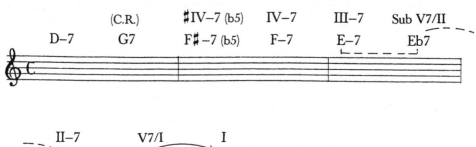

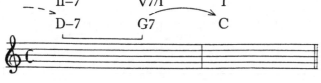

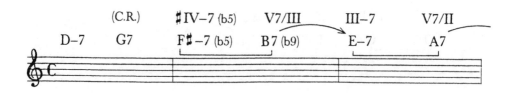

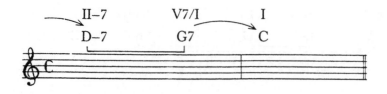

10.1.4   **Intercambio modal**

Es muy frecuente el uso de acordes de intercambio modal para romper una cadencia auténtica. Los casos más típicos se producen sobre acordes del área de subdominante menor.

10.1.4.1   bII(bIIMaj7)

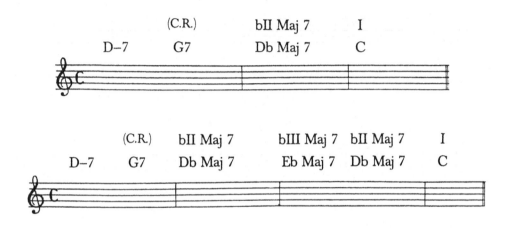

10.1.4.2   bIII(bIIIMaj7)

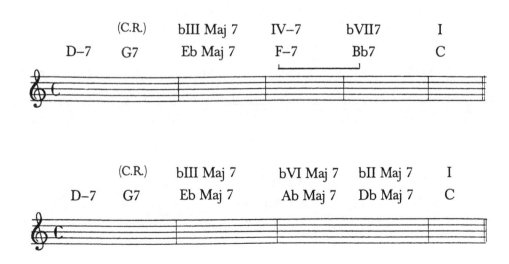

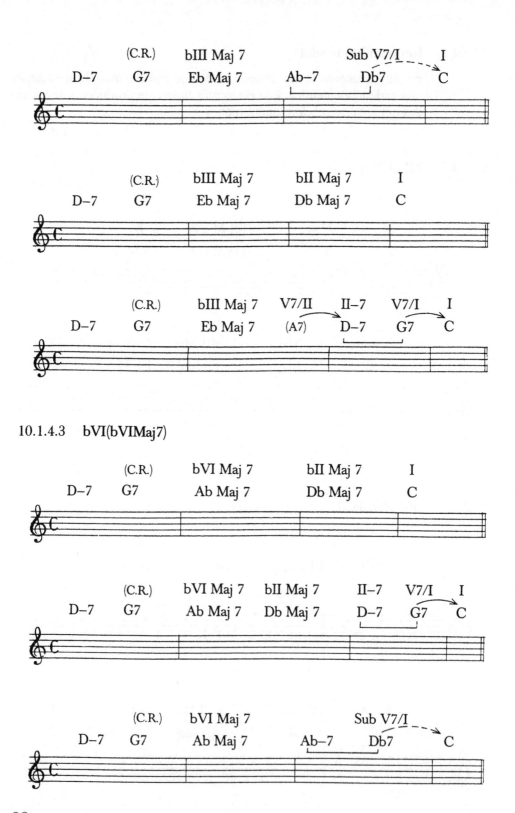

10.1.4.3 bVI(bVIMaj7)

10.1.4.4   bVII(bVIIMaj7,bVII–7)

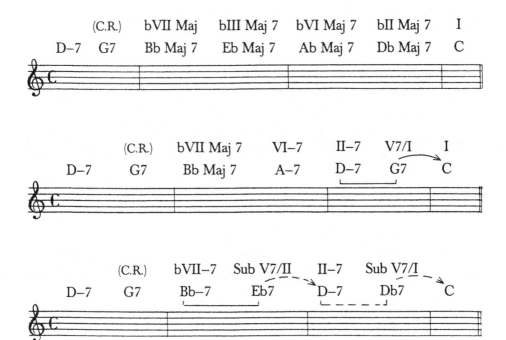

| | (C.R.) | bVII Maj | bIII Maj 7 | bVI Maj 7 | bII Maj 7 | I |
| D–7 | G7 | Bb Maj 7 | Eb Maj 7 | Ab Maj 7 | Db Maj 7 | C |

| | (C.R.) | bVII Maj 7 | VI–7 | II–7 | V7/I | I |
| D–7 | G7 | Bb Maj 7 | A–7 | D–7 | G7 | C |

| | (C.R.) | bVII–7 | Sub V7/II | II–7 | Sub V7/I | |
| D–7 | G7 | Bb–7 | Eb7 | D–7 | Db7 | C |

10.2   OTRAS CADENCIAS ROTAS

10.2.1   **IV(IVMaj7)**

Las cadencias rotas sobre el acorde IV son especiales en el sentido que la sensación que la progresión continúa hacia adelante no es del todo clara ya que al oír el acorde IV en el lugar del I el oído tiende a desear percibir otra vez el acorde de dominante, como si la progresión sólo hubiera vuelto hacia atrás momentáneamente.

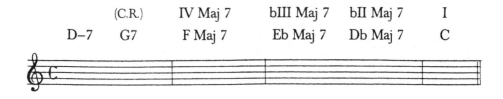

| | (C.R.) | IV Maj 7 | bIII Maj 7 | bII Maj 7 | I |
| D–7 | G7 | F Maj 7 | Eb Maj 7 | Db Maj 7 | C |

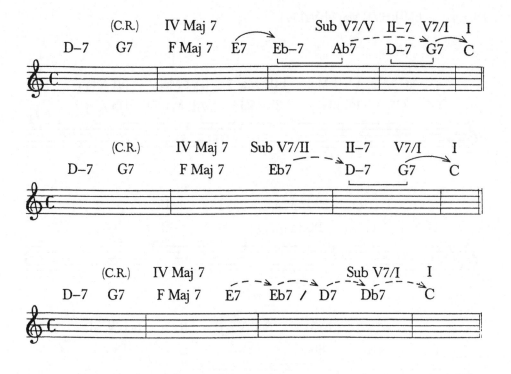

10.2.2   III(III7)

Ocasionalmente se puede encontrar la resolución indicada en el ejemplo.

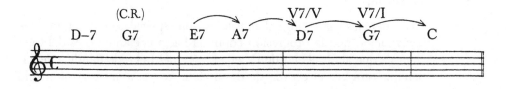

Lo usual en este caso es seguir la progresión con una sucesión de dominantes por extensión.

XI. ACORDES DE DOMINANTE SIN RESOLUCION

Los acordes de dominante que no realizan la resolución de su tritono, se pueden clasificar de la siguiente manera:

a) Cadencia rota efectuada por dominantes secundarios o sustitutos.
b) Acordes de dominante con una función específica, no de dominante.
c) Acordes diatónicos alterados cromáticamente.

11.1 CADENCIA ROTA DE LOS DOMINANTES SECUNDARIOS O SUBSTITUTOS

Normalmente, un acorde de dominante resuelve, directa o indirectamente sobre otro acorde cuya fundamental se encuentra a una distancia de quinta justa encima o un semitono debajo de la suya.

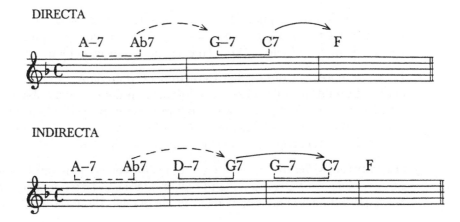

Cuando esto no sucede el acorde de dominante deberá ser evaluado según el contexto en donde se encuentra. En muchos casos perderá su función de dominante, aunque en algunos mantendrá su relación escala-acorde de su pretendida función original, el oído será sin duda el que mejor nos podrá indicar si es o no el caso. Si en un contexto diatónico, por ejemplo, aparece un dominante secundario, que no resuelve, pero que va inmediatamente seguido de otro acorde diatónico, lo más lógico será, que éste, aun y perdiendo su función, mantenga la escala-acorde. Esto, claro está, no puede tomarse como una regla, y en cada caso habrá que tomar una decisión teniendo en cuenta diversos factores (ritmo armónico, relación melodía-armonía...).

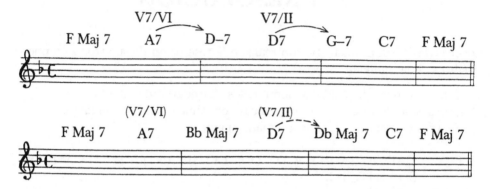

En el segundo caso el acorde A7 no tiene función de dominante, aunque sí mantiene sus tensiones, y su relación escala-acorde (b9,b13). El acorde D7 mantiene en ambos casos su función y su escala acorde, aunque en el primer caso su resolución es la esperada y en el segundo no.

Una cadencia rota se puede producir cuando se ha creado una cierta tendencia hacia un objeto específico. Esta expectación por parte del oyente tiene su principal exponente en la cadencia auténtica (V–I).

En sí, siempre que oímos una estructura de dominante, se crea una expectación en mayor o menor grado hacia un determinado objetivo. Este hecho, claro está, variará de cultura en cultura, y lo obvio para unos podría resultar totalmente inesperado para otros, cuyo proceso cultural haya discurrido por caminos totalmente distintos.

Sin embargo, y dentro del área en que nos movemos, tanto en la música popular, el jazz, como en la música moderna, estas tendencias son asumidas intuitivamente por la mayoría de oyentes de nuestra cultura.

Las tendencias armónicas son una parte muy importante de las esencias definitorias de un determinado estilo. Así, enlaces típicos del "be bop" sonarían anormales en una obra clásica, aunque no debe dejarse de considerarse el uso que, de recursos típicos de un estilo, se hace en otros contextos, por ejemplo, cadencias y enlaces usuales del flamenco, usados en jazz o en música clásica.

11.1.1 Dominantes secundarios

El caso más típico de cadencia rota de los dominantes secundarios es la que se produce al resolver éstos de semitono descendente; este tipo de resolución no les hace perder su condición de dominantes ya que su tritono resuelve y su fundamental baja de semitono. Aunque el hecho de que ésta sea la usual resolución de los dominantes sustitutos no debe confundirnos y la escala-acorde será la propia de su función secundaria.

Cuando realmente estos acordes pierden su función de dominante es cuando hacen cadencia rota hacia otros acordes sobre los que la resolución de su tritono es dudosa.

11.1.1.1 Cadencia rota sobre acordes con la misma función que el acorde objetivo original.

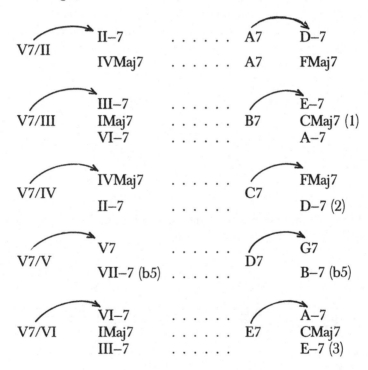

(1) Esta resolución tiende a sonar como una cadencia rota standard, en tono de C, el V7/III (B7) introtonalmente implica el tono de E, y cuando resuelve sobre CMaj7, este acorde se oye más como bVIMaj7 que como IMaj7.

(2) Esta es una cadencia rota usual, ya que el oído la entiende fácil-mente como bVII7 – I–7; esto implica una cierta estabilización del II–7, como un nuevo centro tonal, I–7.

(3) En este caso el enlace no suena como una cadencia rota, sino como un II–7 intercalado.

CMaj7 | E7 | A–7 | D–7   G7 | C

CMaj7 | E7 | E–7   A7 | D–7   G7 | C

11.1.1.2   Cadencia rota sobre otros acordes

Cuando el movimiento de los dominantes secundarios se produce hacia acordes no emparentados con su objetivo original, las mejores situa-ciones serán aquellas en las que una línea cromática, desde el acorde anterior y el posterior, sea posible.

El hecho de que el tritono del acorde de dominante resuelva, ayudará mucho a la comprensión del enlace.

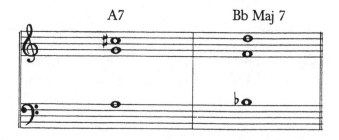

Una línea de bajo descendente servirá de unión en un movimiento inusual de un dominante secundario.

Un acorde con el mismo objetivo, o incluso con uno cuyo objetivo sea otro acorde próximo de la cadena, puede intercalarse creando una especie de cadena rota.

Aunque este caso habría que entenderlo más como un II–V continuo, o salidas en cadena.

$$CMaj7 \mid B{-}7 \; E\widehat{7} \mid C{-}7 \; \widehat{F7} \mid E{-}7 \; A7 \mid D{-}7 \mid$$

11.1.1.3   Cadencias rotas usuales de los dominantes secundarios

Es frecuente encontrar a un dominante secundario que resuelve como un sustituto.

V7/II   - - - →   bVIMaj7   A7   - - - →   AbMaj7

V7/III   - - - →   bVIIMaj7   B7   - - - →   BbMaj7

V7/V   bIIMaj7   D7   DbMaj7

Normalmente el dominante secundario mantendrá la escala que le corresponda por su función original; por ejemplo V7/V, mixolidia.

Los dominantes secundarios son, después de los acordes diatónicos y los relacionados, los más próximos a la tonalidad; esto permite que alguno de estos enlaces señalados antes pueda ser encontrado con cierta frecuencia. Además de la resolución sobre un acorde de intercambio modal un semitono debajo de su fundamental, el caso del V7/VI, que se mueve hacia el IV, es muy frecuente, sobre todo en contextos con acordes tríadas en canciones de música pop.

11.1.2   **Dominantes substitutos**

Los dominantes substitutos, al igual que los secundarios, tienen una habitual tendencia a resolver sobre un acorde diatónico, cuya fundamental se encuentra un semitono debajo de la suya. La cadencia rota más frecuente para ellos se produce al resolver sobre un acorde cuya fundamental está a una cuarta justa alta de la suya. A pesar de resolver sobre el acorde objetivo normal para un acorde de dominante, se crea una sensación de cadencia rota por su interrelación con la tonalidad.

11.2.1   Cadencia rota sobre acordes de la misma función tonal que la del acorde objetivo original

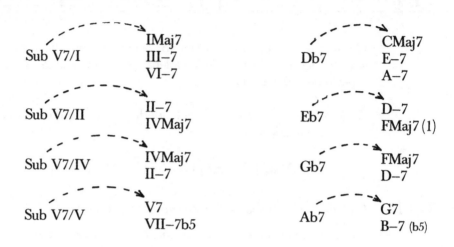

(1) La resolución de Sub V7/II sobre el IVMaj7, tiende a estabilizar el IV como una nueva tónica, ya que el oído relaciona este enlace con una típica cadencia bVII7 – IMaj7.

11.1.2.2   Cadencia rota sobre otros acordes

Son poco frecuentes, y son aplicables aquí los mismos comentarios citados para estos casos en los dominantes secundarios.

11.1.2.3   Cadencias rotas usuales de los dominantes substitutos

Es frecuente encontrar un dominante substituto resolviendo como si de un secundario se tratase.

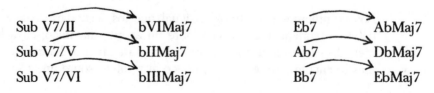

Cuando se producen estas resoluciones no debe pensarse en ellos como dominantes secundarios, V7/bIII, V7/bII, V7/bVI, ya que por definición un dominante secundario tiene como objetivo un acorde diatónico, y ninguno de estos acordes es diatónico sino relacionado.

Estos dominantes deben mantener su escala original, lidia b7; en caso contrario, si se usara mixolidia por ejemplo, el oído percibiría el acorde objetivo como un nuevo centro tonal, y por lo tanto se habría creado una tendencia a la modulación.

11.2 DOMINANTES CON FUNCION ESPECIFICA, NO DE DOMINANTE

Los tres acordes principales de la familia de dominante que no tienen dicha función son el I7, el IV7 y el bVII7, todos ellos ya estudiados anteriormente.

En dicho contexto tanto el I7, como el IV7, son típicos acordes de blues y funcionan como tónica y subdominante respectivamente; el bVII7 proviene de un intercambio modal del modo eolio, y funciona como subdominante menor.

El I7 se utiliza como tónica en blues, por lo que no se espera de él ninguna resolución hacia otro acorde; este acorde también se usa en otros tipos de música, en armonía modal es la tónica del modo mixolidio, y en música pop ya los Beatles lo utilizaron como tónica en alguna de sus canciones.

Ya que el IV7 se encuentra casi siempre en un contexto de blues, su tendencia principal es la de volver a la tónica, al I7, por lo que en esta tendencia no existe resolución de tritono; también se puede utilizar, aunque no sea muy frecuente, en modo menor, ya que es diatónico a la escala menor melódica.

Finalmente el bVII7 es un acorde muy usual en estándars y música pop. Junto con el IV– ofrece una cadencia de subdominante menor marcada por la relación II–V que existe entre ambos, pero con una resolución hacia la tónica un tono encima del bVII7.

| F–7   Bb7 | CMaj7 |

| IV–7   bVII7 | IMaj7 |

ACORDES DIATONICOS ALTERADOS CROMATICAMENTE

A cualquier acorde diatónico se le puede alterar cromáticamente una o varias de sus notas, a fin de conseguir sobre un determinado grado de la escala un acorde de distinta especie al que originalmente se formaría sobre dicho grado.

Aunque los casos principales resultantes sean acordes de la especie de dominante, también pueden utilizarse otros.

Para este propósito se pueden alterar cualquiera de las notas de un acorde, teniendo en cuenta que si se altera la fundamental, el acorde resultante ya no será un acorde diatónico alterado, pues su fundamental no será diatónica. Además, las alteraciones deben dar como resultado un acorde catalogable dentro de las especies de acordes conocidos.

Con este proceso se podrán obtener diversos resultados; desde acordes de muy raro uso hasta acordes que generalmente se catalogan como procedentes de otra fuente. Así, por ejemplo, el IV– utilizado en el modo mayor, se considera un intercambio modal, aunque también cabe el considerarlo como un acorde diatónico alterado cromáticamente en su tercera.

La típica cadencia "picarda", usada principalmente en la música barroca, consiste en el encadenamiento de V–I en el modo menor usando el I del modo mayor paralelo. Igualmente en este caso cabe la doble consideración de intercambio modal, o acorde diatónico cromáticamente alterado.

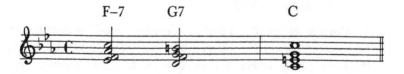

Alteración de la tercera, de los acordes diatónicos a una escala mayor:

Aunque de hecho cualquier nota del acorde puede alterarse, no es usual la alteración de la quinta justa. Los casos más frecuentes son:

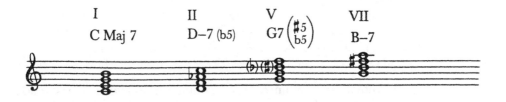

Alteración de la séptima y la tercera:

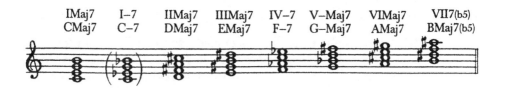

Alteraciones más usuales de la tercera y la quinta:

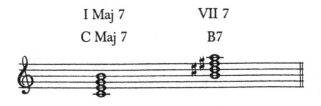

Estos acordes pueden ser identificados en muchos casos con otros que tienen las mismas notas pero distinta función. Como ya se ha mencionado anteriormente, el IV– en modo mayor debe funcionar como subdominante, tanto si se le considera procedente de un intercambio modal (subdominante menor), como si procede de una alteración cromática del IV (subdominante cromáticamente alterado). Este es un caso que no ofrece dudas; otros, sin embargo, son menos claros. El III7 es el mismo acorde que el V7/VI, por lo que para obtener su verdadera función, deberá ser tratado de distinta manera; así el V7/VI tenderá a VI, mientras que el III7 no deberá tender hacia ningún acorde ya que está ocupando el lugar del III−7, que es un acorde de tónica; su colocación dentro de la frase, ritmo armónico, así como su relación melodía-armonía, serán factores decisivos para clasificar su función.

En definitiva, al usar un acorde diatónico cromáticamente alterado, éste debe intentar funcionar como el acorde diatónico del que proviene, y evitar en consecuencia cualquier movimiento o enlace que pueda dar a entender la función del acorde relacionado, si lo hubiera, de la misma especie y fundamental.

Los casos principales son:

11.3.1   El acorde VII7

Este acorde debe evitar ser relacionado con el V7/III, el ritmo armónico, y sobre todo no ir precedido del ♯ IV−7(b5), serán factores fundamentales. Así, que su función tonal se podría denominar de dominante cromáticamente alterado, que proviene del VII−7(b5), aunque más frecuentemente es denominada como "cadencial". El enlace más usual es IMaj7–VII7–IMaj7.

Puede usar escala lidia b7, o mixolidia, pero se debe evitar el uso de la mixolidia b9,b13 y de la escala alterada, ya que ambas le conferirían la función de V7/III.

110

11.3.2 El acorde II7

Este acorde contiene el mismo tritono que el ♯IV−7(b5) y es igual al V7/V, por lo que habrá que cuidar los movimientos que puedan sugerir alguno de éstos. Un enlace hacia el V7 le dará función de dominante secundario, V7/V. Incluso el enlace hacia la tónica I, en algunas ocasiones le identificarán con alguno de los acordes citados.

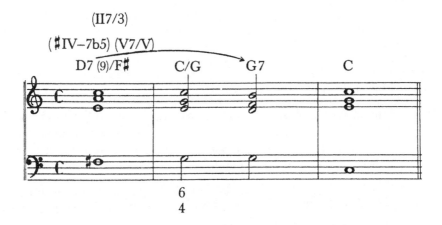

En el ejemplo anterior, el II7 no se oirá como tal sino como V7/V, con un acorde intercalado, I/5, entre él y su objetivo. Este es además un típico enlace en música tradicional, siendo el I/5 denominado 6/4 cadencial. Las mejores oportunidades se encuentran al usarlo junto con otro acorde de subdominante o subdominante menor.

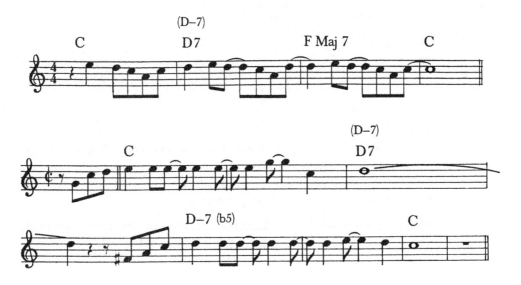

Utilizado como II7, tiene función de subdominante cromáticamente alterado y la mejor escala para él es la lidia b7.

11.3.3 El acorde bVI7

Este acorde se obtiene al alterar cromáticamente el bVIMaj7 del área de subdominante menor. O sea, que no es un acorde diatónico alterado, pero se incluye aquí por su similitud en su formación con los acordes tratados en este capítulo.

Está íntimamente relacionado con el II7, por contener el mismo tritono que el ♯IV−7(b5), el V7/V, y el SubV7/V. La resolución sobre el I/5, al igual que sucede con el II7, hará que se le identifique más con el SubV7/V que con bVI7.

En el ejemplo anterior, el acorde bVI7 se oye como SubV7/V, con un acorde intercalado entre él y su resolución; ésta es otra cadencia típica de la armonía tradicional, siendo en este caso una forma del denominado acorde de sexta aumentada.

Este nombre proviene precisamente del intervalo de sexta aumentada que se crea entre la fundamental y la séptima del acorde que, al estar enarmonizada, tiene esta catalogación.

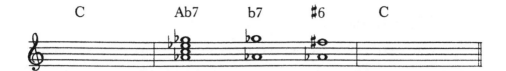

La mejor utilización para el bVI7, al igual que sucede con el II7, es la de usarlo junto con otros acordes de su misma función tonal original, subdominante menor en este caso, o también la de resolver directamente sobre tónica en estado fundamental.

Es considerado de función tonal de subdominante menor cromáticamente alterado y la mejor escala para él es la lidia b7.

11.3.4 Los acordes IIMaj7, VIMaj7

Estos acordes se pueden utilizar para colorear una típica progresión armónica.

En todos estos casos tienen la función del acorde del que provienen cromáticamente alterada, y utilizan normalmente escala lidia.

11.3.5   **Otros acordes**

La utilización de acordes alterados cromáticamente no es algo muy frecuente y algunos de los acordes que se obtienen no se utilizan casi nunca en este sentido. Tanto el III7, como el VI7, son claros ejemplos de este fenómeno; el hecho de que provengan de un acorde de tónica y que una vez alterados contengan un tritono puede ser una de las causas que los hace desechables. En otros casos, el resultado es un acorde directamente relacionado con la tónica en una función ya específica como IV–7, V–7; otros son plenamente asumidos sin que esta alteración cromática afecte sus movimientos usuales V7(b5),V7($\sharp$ 5). En otros casos, lo que se consigue es simplemente una modulación directa.

Los casos hasta aquí indicados son los más típicos y aun así raros, aunque, como sucede con otras técnicas de armonización o rearmonización, las verdaderas posibilidades de utilización vienen dadas por el estilo de la música y por los objetivos del compositor, arreglista de la misma.

XII. TECNICAS DE COMPOSICION

12.1   EL PEDAL

Un pedal es una nota que se mantiene o repite a través de una sucesión armónica con la que puede o no mantener alguna relación. El
pedal más usual se produce en el bajo, aunque puede estar situado en
cualquier otra voz.

La nota que produce el pedal normalmente es la tónica o el quinto
grado de la tonalidad en donde se desarrolla éste; aunque otros grados
de la escala pueden también asumir el papel de pedal con menor frecuencia.

El pedal permite conseguir armonías disonantes en un contexto que
normalmente no las usaría. Este, acostumbra a comenzar con una armonía consonante en relación a sí mismo y a progresar hacia armonías
menos consonantes con él relacionadas, para finalmente resolver sobre
una armonía totalmente consonante. Es decir, el primer acorde sobre
el que se inicia el pedal, normalmente será uno que contenga la nota
pedal, el siguiente la incluirá en una función más tensa y así sucesivamente hasta llegar al punto de máxima tensión, a partir del cual se
produce un efecto inverso a través de acordes cada vez menos tensos.

En algunos casos la resolución se produce en el acorde inmediato posterior al de máxima tensión.

Un pedal tiene tres fases: preparación, clímax, y resolución. Para la
primera se debe precisar que una nota produce disonancia según la
relación melodía-armonía, y que, en ésta, la progresión de consonancia
hacia disonancia es: fundamental, quinta, tercera, séptima, y tensiones.
El clímax es el punto en el que la disonancia debe ser máxima y,
finalmente, la resolución se realiza sobre una armonía donde el pedal
es la fundamental o quinta del acorde.

La duración de la preparación será casi siempre más larga que la de la
resolución, aunque se pueden encontrar excepciones no sólo en la duración de las fases de un pedal sino también en la construcción de
éstas.

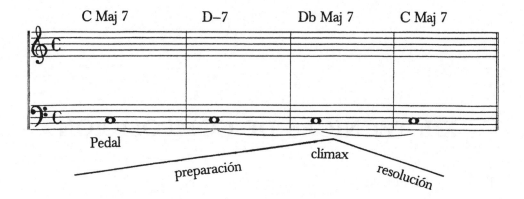

12.2 EL OBSTINATO

Este efecto está muy relacionado con el pedal. De hecho, la única diferencia es que si el pedal está formado de una sola nota que se repite o mantiene, el obstinato es una frase que también se irá repitiendo a través de una sucesión armónica y que se puede situar en el bajo preferentemente, aunque es posible en cualquier otra voz. La preparación, el clímax y la resolución siguen las mismas pautas que las descritas para el pedal. En ocasiones ambas técnicas se pueden usar simultáneamente e incluso varios obstinatos pueden funcionar al mismo tiempo.

Tanto el pedal como el obstinato se pueden encontrar dentro de la misma forma de un tema, aunque su aparición más frecuente es en las introducciones, finales, intermedios y en la presentación de motivos que serán desarrollados posteriormente.

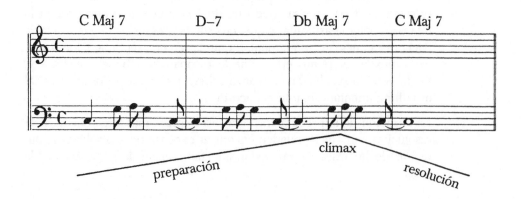

12.3   MULTITONICA

Este sistema de composición está basado en una modulación constante de manera que no se estabilice un tono más que otro. En jazz, John Coltrane hizo algunas incursiones en esta técnica y temas como *Giant steps* y *Coundown* son muestras de ello.

La forma para escoger las múltiples tónicas en las que se va a basar la composición (aunque cualquier sistema es posible) es dividir la octava en partes iguales y modular regularmente y en el mismo sentido a través de éstas.

La octava, según el intervalo escogido, se puede dividir de cinco maneras distintas:

Por semitonos, con lo que se obtienen doce partes iguales. Este sistema es poco operativo y normalmente no se usa; la división por el intervalo de tono dará seis partes iguales; la modulación a través de seis tonalidades es posible aunque no frecuente.

La división de la octava por medio del intervalo de tercera menor da cuatro partes, o sea cuatro tónicas y es uno de los usados normalmente.

Si es el intervalo de tercera mayor el usado para dividir la octava, el resultado es el de tres partes iguales; éste es, sin duda, el sistema preferido.

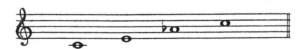

Finalmente la división por medio del tritono ofrece dos partes, pero éste es un sistema poco usual.

Así pues, la composición sobre multitónica se centra en la división de la octava en tres o cuatro partes iguales. La progresión armónica, tanto en uno como en el otro caso, acostumbra a ser muy simple y a no usar más de dos o tres acordes de una tonalidad. De hecho, lo usual es utilizar solamente la cadencia V–I en un tono para pasar inmediatamente a la misma cadencia en el tono siguiente y así sucesivamente. Si denominamos A al primer centro tonal, B al segundo y C al tercero, en caso de escoger la división de la octava en tres partes iguales, el esqueleto de la estructura quedaría así:

A   V7/B   B   V7/C   C   V7/A...

En un ciclo en el que todos los tonos implicados tendrían igual importancia.

Otra fórmula es la de subdividir el ciclo en frases y en cada una de ellas desplazar el eje principal; el mejor ejemplo es el tema de Coltrane citado anteriormente, *Giant steps*.

Las tónicas son B,G, y Eb mayores; la separación es, pues, la de tercera mayor. Coltrane utiliza el sistema descendente. La permutación del eje es de forma escalonada.

	TONICAS						
A	B	G	Eb				primera frase
		G	Eb	B			segunda frase
B			Eb		G		tercera frase
				B		Eb	cuarta frase

La armonía completa del tema es:

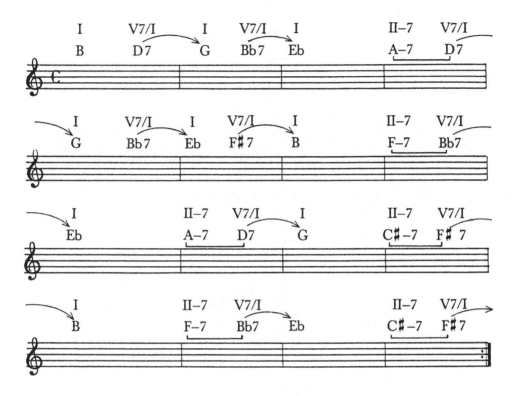

El ejemplo anterior es un exponente de la división de la octava en partes iguales y de combinar las tónicas obtenidas entre sí. Sin embargo, se pueden encontrar otros planteamientos, como el de crear un sistema de coordenadas en el que se relacionen dos divisiones de un eje central.

Cada frase tendrá un eje y éste estará dividido en partes iguales. Las siguientes frases tendrán como eje central las tónicas obtenidas al dividir la octava en un número de partes iguales distintas a las del eje de la frase.

De las posibles combinaciones, la que ofrece mejores posibilidades es la que se obtiene al dividir en tres y siete partes el eje central.

119

primera frase	C	E	Ab	C
segunda frase	Bb	D	Gb	Bb
tercera frase	Ab	C	E	Ab
cuarta frase	Gb	Bb	D	Gb
quinta frase	E	Ab	C	E
sexta frase	D	Gb	Bb	D

(C) . . .

Aunque otras combinaciones pueden resultar también adecuadas.

División en tres y cuatro partes iguales:

C	E	A	C
Eb	G	B	Eb
Gb	Bb	D	Gb
A	Db	F	A

(C)

La división de la octava en tres o cuatro partes permite un movimiento entre tónicas hacia delante o hacia atrás, con lo que pueden obtenerse más combinaciones con estos recursos. Como ejemplo:

primera frase	C	Ab	E	C
segunda frase	D	Bb	Gb	D
tercera frase	E	C	Ab	C
cuarta frase	Gb	D	Bb	Gb
quinta frase	Ab	E	C	Ab
sexta frase	Bb	Gb	D	Bb

(C)

La utilización de uno de estos ciclos no tiene por qué ser rigurosa y de hecho, la mayoría de autores que lo usan en música moderna utilizan sólo la idea general y rompen el ciclo libremente cuando creen que la música podría alejarse demasiado del oído.

El tema *Countdown,* de Coltrane está basado en estas combinaciones (tres y siete), aunque no desarrollado al completo, ya que a partir de la cuarta frase, el ciclo establecido se rompe.

primera frase	D	Bb	Gb	D
segunda frase	C	Ab	E	C
tercera frase	Bb	Gb	D	Bb
cuarta frase (según ciclo)	Ab	E	C	Ab
cuarta frase (*Countdown*)	D		Bb	

Los sistemas de composición digamos "cerebral" no son usuales en música popular, aunque esporádicas incursiones utilizando parte del sistema se pueden encontrar en algunos pasajes de temas de música moderna.

12.4   ESTRUCTURAS CONSTANTES

Se denomina así a una sucesión armónica formada por acordes de una misma especie y con una relación melodía-armonía igual, aunque también puede estar formada por grupos de acordes de distinta especie que se repetirán de forma cíclica.

Acordes iguales:

C–7	G–7	F–7	D–7
dórica	dórica	dórica	dórica

Grupos de acordes:

E–7	G–7(b5)	Bb7	D–7	F–7(b5)	Ab7
dórica	locria	lidia b7	dórica	locria	lidia b7

El objetivo en este tipo de enlaces es el de no centrar ningún tono y mantener este efecto a través de la sucesión armónica. Cada acorde representa en sí mismo una sonoridad determinada y no guarda una relación con el anterior ni con el posterior. Lo que debe evitarse pues, es la utilización de dos o más acordes consecutivos que puedan relacionarse con una determinada tonalidad. Dos acordes menores cuyas fundamentales están separadas por un tono pueden relacionarse con un I mayor (II–7,III–7), aunque si se usan escalas iguales en ambos acordes esta relación desaparecerá, ya que II–7 dórica y III–7 dórica romperá el sentido tonal.

Las estructuras constantes han sido utilizadas en jazz a partir de la época denominada "post be bop" por compositores o intérpretes como C. Corea, W. Shorter, P. Metheny y posteriormente también se pueden encontrar ejemplos en la música pop como Steely Dan, Stevie Wonder...

12.5 DODECAFONISMO

Sin entrar en una explicación de lo que es el sistema ideado por Schoenberg en la segunda década del siglo XX, ya que no es el propósito de este libro, algunos músicos de jazz hicieron algunas incursiones esporádicas al sistema; Bill Evans, por ejemplo, compuso un tema que denominó *Twelve tone tune,* en el que la melodía presenta una serie de doce sonidos diferentes sin repetir ninguno, que es en esencia la base de la música dodecafónica. Pero el sistema atonal o politonal, como prefería llamarlo Schoenberg, no ha tenido mucha aceptación en el jazz ni en la música pop, quizá por lo poco fácil que resulta al oído popular, aunque, como todo, resulta relativo, ya que, por ejemplo, los valses de Straus pueden no resultar "fáciles" para un oído educado en la cultura oriental.

12.6 NUEVOS CONCEPTOS ARMONICOS

Aunque muchos de los conceptos tratados en este capítulo no son nuevos musicalmente hablando, su tratamiento y su uso en música popular sí lo es. En sí, toda evolución armónica representa un rompimiento de las reglas básicas predominantes en la época anterior. Así, las bases de la música de jazz hasta el bebop eran un fuerte movimiento entre fundamentales en sucesiones de acordes en cadena (II–V y II–V–I) además de una tonalidad definida, con posibles modulaciones pero con el tono de partida y el de llegada bien definido. La tonalidad podía ampliarse con acordes de otros modos, el intercambio modal; podía haber una constante modulación introtonal obteniendo un gran cromatismo, pero la frase armónica estaba totalmente encadenada, cada acorde realizaba su papel dentro del conjunto. Este rompimiento se basó pues en evitar sobre todo el enlace II–V–I, y todo lo que fácilmente pudiera situar la progresión armónica alrededor de un centro tonal claro y preciso. Para ello se realizaron incursiones a la música denominada modal, que está basada en los modos griegos antiguos; se forman acordes por cuartas, se utilizan los denominados acordes híbridos, poliacordes, se parte de escalas artificiales, de las pentatónicas, etc. Todos estos recursos ya habían sido anteriormente usados, pero al tratarlos de distinta manera, pueden llevarnos a un nuevo concepto armónico. Debe tenerse en cuenta que en armonía seguimos contando con los mismos recursos de que disponía Monteverdi, es decir, con doce sonidos.

En otros campos relacionados con la música, como el del timbre, los nuevos instrumentos están aportando una riqueza enorme, ya que además de los timbres tradicionales emitidos por los instrumentos acústicos, se dispone de una gama infinita proporcionada por los instrumentos electrónicos.

XIII. EXPANSION Y CONTRACCION DE LOS ACORDES

Los acordes se clasifican normalmente en tríadas y cuatríadas según el número de notas que los forman; la lógica expansión de un acorde tríada es convertirlo en cuatríada; la de un cuatríada es la de añadirle tensiones, con lo que se formarán acordes de cinco, seis o más notas.

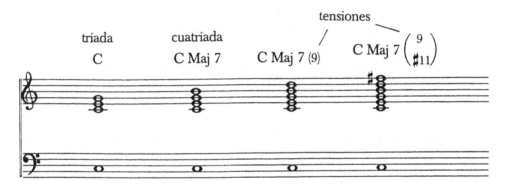

13.1   TRIADAS

Cuando se omite una nota a un acorde tríada, éste se convierte en un intervalo, por lo que no debe considerarse como un acorde incompleto, ya que sin otra información adicional, se podrían implicar varios acordes tríadas.

La contracción de un acorde tríada resulta pues, en un intervalo.

Al expandir un acorde tríada por medio de una tensión, lo que se consigue es la sonoridad implícita del cuatríada diatónico correspondiente.

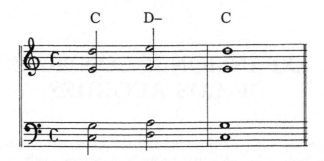

En el ejemplo anterior los acordes C y D– aun y sin usar las notas Si y Do que los convertirían en CMaj7 y D–7 respectivamente, su sonoridad sí deja implícitos estos acordes, por lo que siendo en teoría acordes cuatríadas incompletos no lo son en realidad.

Esta sonoridad de cuatríada implícito es mucho más evidente dentro de progresiones estándar, donde está ya asumida por el oyente.

En el ejemplo anterior, la utilización de tensiones en los acordes tríadas dará una clara sensación de cuatríadas al oído. En el acorde A– el oído percibirá la nota Sol, pero nunca el Sol sostenido, que sería la otra séptima posible para esta especie; en el caso de D– la nota implícita será Do, y Fa en el acorde G. En todos los casos el oído percibe la nota diatónica que representa la lógica expansión del acorde tríada en cuatríada.

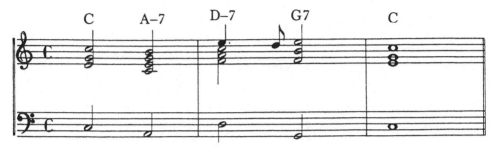

13.2   CUATRIADAS

En el caso de los acordes cuatríadas, la omisión de una nota puede dar distintos resultados. Si la nota omitida es la séptima, el resultado será el de un acorde tríada.

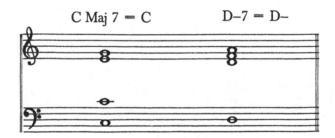

La omisión de la quinta es frecuente, principalmente en la escritura a tres voces, ya que, por lo general, se puede mantener perfectamente la sonoridad de acorde cuatríada sin quinta, sobre todo si ésta es justa.

Por el contrario, la omisión de la tercera del acorde dará como resultado una sonoridad ambigua e imprecisa; estas estructuras son las que se consideran realmente acordes incompletos o híbridos.

En el siguiente ejemplo se puede observar que la sonoridad de los acordes A–7 y D–7, a los que se les ha omitido su tercera, no es precisa ya que fácilmente podrían ser considerados A7 y D7 respectivamente.

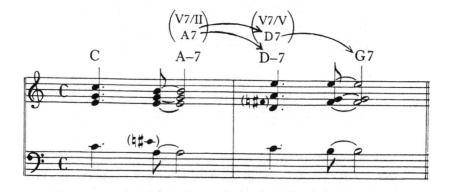

La inestabilidad armónica producida por los acordes incompletos puede usarse como un efectivo recurso en determinadas situaciones; el punto de climax melódico, en la armonización de puntos graves de la melodía donde la tercera del acorde, podrían crear problemas con el límite de los intervalos bajos. También puede usarse para crear progresiones armónicas singulares, en las que se busca una sonoridad imprecisa.

13.3   ACORDES INCOMPLETOS O HIBRIDOS

La denominación de "híbrido" se utiliza también en estos acordes incompletos, ya que pueden ser considerados como formados de dos partes; una superior por un acorde tríada o cuatríada, y una inferior por un bajo que no guarda relación aparente con el acorde de la parte superior.

Aunque a cualquier acorde cuatríada al que se le omite su tercera se le considera un híbrido, el recurso de creación y definición de éstos, sigue las siguientes pautas:

a) Escoger las notas largas o de claro predominio vertical de la melodía.

b) Analizar y determinar la adecuada escala-acorde en cada situación.

c) Buscar un acorde tríada o cuatríada diatónico a la escala del momento, que contenga la nota melódica que se está armonizando. Para este fin se consideran como acordes adecuados los tríadas mayores y menores, descartándose los aumentados y disminuidos, y en cuanto a los acordes cuatríadas, se utilizan el mayor con séptima mayor, mayor con séptima menor, menor con séptima menor, y ocasionalmente el menor con séptima menor y quinta disminuida.

d) Eliminar del grupo de acordes obtenidos según las condiciones anteriores, a todos aquellos que contengan una nota a tercera (mayor o menor) superior, de la fundamental del acorde original.

e) Eliminar también a los acordes que contengan la fundamental del acorde original, aunque para este apartado existan excepciones justificadas.

f) Cambiar, finalmente, el cifrado original por el del acorde escogido, e indicar como si de una inversión se tratase, la fundamental del acorde original.

El resultado final será que el bajo estará tocando la fundamental del acorde que originalmente debería estar ahí, pero la armonía que se oirá encima de él será la de un acorde obtenido por el procedimiento descrito.

Así pues, quedará claro que un cifrado que indica un acorde con una nota en el bajo, no del acorde, es un híbrido; sólo un caso puede crear confusión y es el de un acorde cuatríada con la séptima en el bajo. En esta situación, el contexto y el tratamiento serán los que definirán al acorde en uno u otro sentido.

Un acorde con la séptima en el bajo acostumbra a ser atacado por grado conjunto y muy frecuentemente viene precedido por el mismo acorde en estado fundamental.

Además, dicha séptima acostumbra a resolver por grado conjunto descendente. Si se tratase de un acorde híbrido, tanto el ataque como su resolución estarían de acuerdo con la del acorde original.

En el siguiente ejemplo, una cadencia plagal entre el IV y el I se produce, en primer lugar, con los acordes habituales, y en segundo lugar, usando un híbrido sobre el cuarto grado.

Las notas melódicas que no son armonizables con un acorde híbrido son la tercera, precisamente porque es la nota a omitir, y la fundamental, ya que ésta está en el bajo y no debe duplicarse.

En un tratamiento en bloque con acordes de este tipo, se tratará de entrar y/o salir de una estructura híbrida con un movimiento suave en las voces superiores. O sea, la nota común o los grados conjuntos serán los preferidos. Si se trabaja con cuatro voces y el bajo y el acorde escogido es un tríada, se duplicará la melodía una octava más baja o al unísono, y se usarán las posiciones cerrada o abierta según la tesitura de la melodía.

13.3.1   Acorde CMaj7 (1,3,5,7) escala jónica o mayor (1)

Las notas no armonizables son Do y Mi.

13.3.1.1   Tríadas posibles

Sobre cada una de las notas de la escala mayor de Do, están indicados los tres acordes tríadas con los que se puede armonizar cada nota: sobre el Re, el acorde B disminuido es desechado, ya que es un tríada disminuido. D– puede usarse pero el efecto es de D–/C, un acorde cuatríada invertido que sólo será adecuado con un tratamiento especial explicado anteriormente, la armonización con G, es la adecuada. Sobre la nota Fa, el B disminuido es desechado por las razones anteriormente indicadas. La armonización con D– dará el caso de un cuatríada invertido ya comentado también; si el acorde escogido es F, el resultado es una inversión de dicho acorde sobre su quinta F/C, por lo que debe desecharse. Sobre la nota Sol, tanto la armonización con C como con E–, deben evitarse ya que ambos acordes contienen la nota Mi. La armonización con el acorde G es la única posible.

Sobre la nota La, la armonización con D– dará D–7/C; con F resultará en F/C y E– contiene la nota Mi. Todos los casos han sido ya comentados anteriormente.

La nota Si finalmente puede ser armonizada únicamente con el acorde G ya que E– contiene la nota Mi y Bº es un acorde disminuido. Una vez escogidos los posibles acordes, las armonizaciones quedarían así:

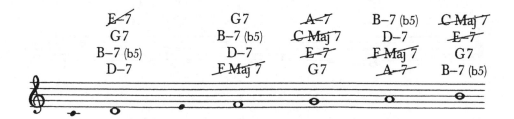

13.3.1.2   Cuatríadas posibles

E–7		G7	A–7	B–7 (b5)	C Maj 7
G7		B–7 (b5)	C Maj 7	D–7	E–7
B–7 (b5)		D–7	E–7	F Maj 7	G7
D–7		F Maj 7	G7	A–7	B–7 (b5)

Sobre la nota Re la mejor elección es G7. El acorde B–7(b5) es posible aunque no se use muy frecuentemente. Sobre la nota Fa la mejor opción también será G7, aunque D–7 también puede utilizarse, como ya se ha comentado anteriormente. FMaj7 contiene la nota Mi, y B–7(b5) no es una estructura muy usual. Sobre la nota Sol, los acordes Cmaj7, A–7 y E–7 contienen todos el Mi, por lo que deben desecharse; la única elección es pues G7. Sobre la nota La, tanto FMaj7 como A–7 contienen la nota Mi; D–7 sonará a D–7/C y B–7(b5) no es una armonización frecuente. Finalmente, sobre la nota Si la mejor armonización viene dada por el acorde G7.

El hecho de que la estructura B–7(b5) no sea muy usada, y el que ciertas armonizaciones den como resultado un acorde con la séptima en el bajo, no las elimina en absoluto; solamente deben tenerse en cuenta lo inusual de la una y el adecuado tratamiento de la otra.

Una vez escogidos los posibles acordes las estructuras incompletas quedan así:

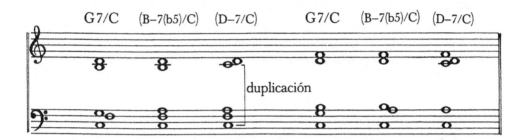

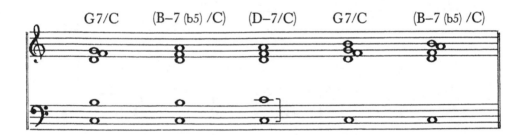

13.3.2 Acorde CMaj7 (1,3,5,7) escala lidia

Las notas no armonizables son Do y Mi.

C Maj 7

13.3.2.1 Tríadas posibles

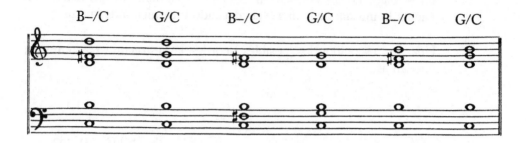

13.3.2.2 Cuatríadas posibles

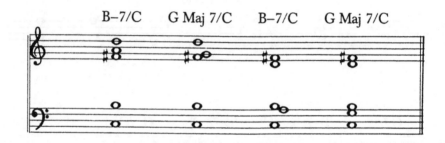

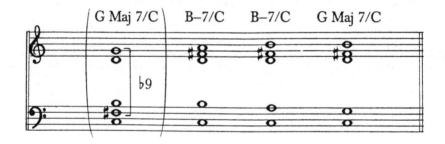

13.3.2.3 Posibles según el tratamiento

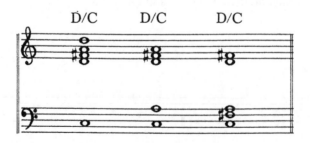

13.3.3 Acorde C–7 (1,b3,5,b7) escala dórica

Las notas no armonizables son Do y Mib (1,b3).

13.3.3.1 Tríadas posibles

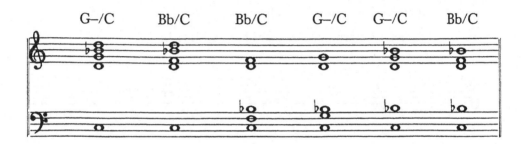

13.3.3.2 Cuatríadas posibles

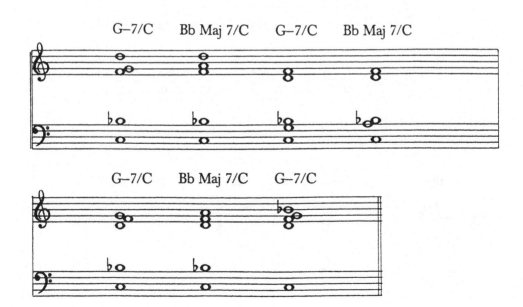

13.3.3.3   Posible según tratamiento

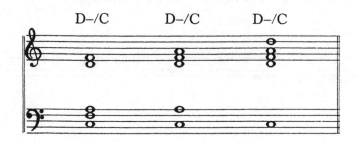

13.3.4   Acorde C–7 (1,b3,5,b7) escala frigia

Las notas no armonizables son Do y Mib (1,b3)

13.3.4.1   Tríadas posibles

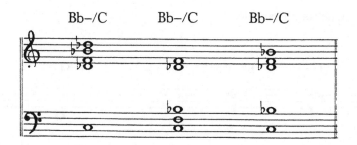

13.3.4.2   Cuatríadas posibles

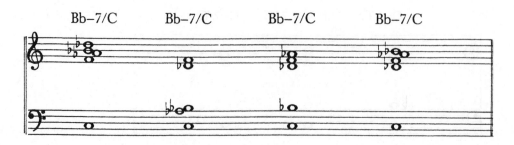

13.3.4.3　Posibles según tratamiento

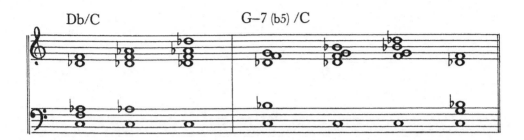

El intervalo de b9, que en acordes tríadas o cuatríadas sólo se acepta entre la fundamental y la tensión b9 de un acorde de dominante, en las estructuras híbridas se acepta entre la fundamental y cualquier voz, aunque con la melodía este intervalo es especialmente duro.

13.3.5　**Acorde C–7 (1,b3,5,b7) escala eolia**

Las notas no armonizables son Do y Mib (1,b3)

13.3.5.1　Tríadas posibles

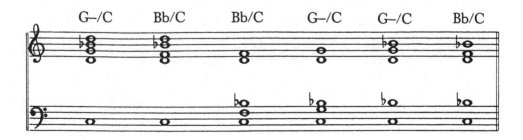

13.3.5.2 Cuatríadas posibles

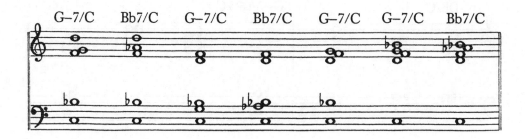

13.3.5.3 Posibles según tratamiento

Ninguno.

13.3.6 Acorde C7 (1,3,5,b7) escala mixolidia

Notas no armonizables Do y Mi (1,3). Con este acorde el hecho de evitar la tercera dará como resultado un dominante (sus 4) en la mayoría de casos.

13.3.6.1 Tríadas posibles

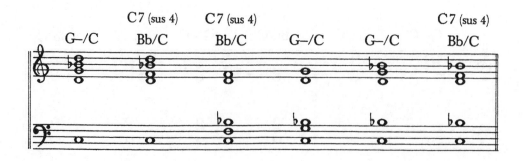

13.3.6.2 Cuatríadas posibles

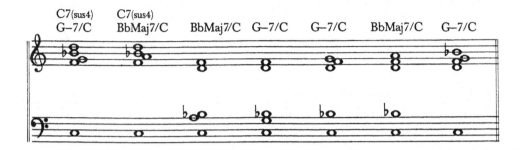

13.3.6.3 Posibles según tratamiento

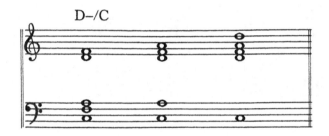

13.3.7 **Acorde C–7(b5) escala locria**

Notas no armonizables Do y Mib (1,b3)

13.3.7.1 Tríadas posibles

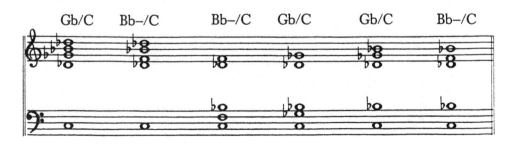

13.3.7.2 Cuatríadas posibles

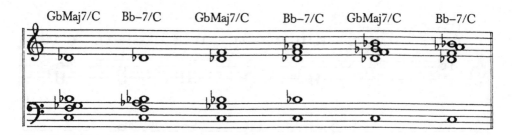

13.3.7.3 Posibles según tratamiento

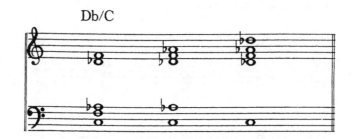

13.3.8 **Acorde C7 alt (1,3,b5,b7) escala alterada**

Notas no armonizables Do, Mi, y Mib. En este caso la nota Mi bemol / Re sostenido se evita, pues aun y siendo la tensión sostenido nueve crea intervalo de tercera con la fundamental.

13.3.8.1 Tríadas posibles

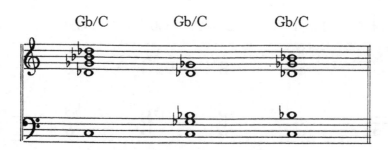

13.3.8.2   Cuatríadas posibles

Ninguno.

13.3.8.3   Posibles según tratamiento

Ninguno.

13.3.9   **Acorde C7 (1,3,5,b7) escala lidia b7**

Las notas a evitar son Do y Mi (1,3)

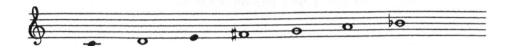

13.3.9.1   Tríadas posibles

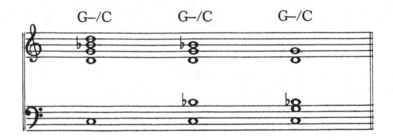

13.3.9.2   Cuatríadas posibles

Ninguno.

13.3.9.3   Posibles según tratamiento

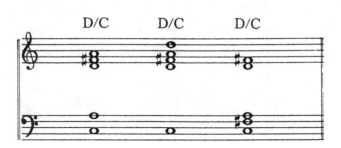

13.4   ARMONIZACION EN BLOQUE

En la armonización de una melodía en bloque, usando este tipo de acordes, se escogen preferentemente las notas largas o las de claro predominio vertical de la misma, y se usa el procedimiento descrito anteriormente. También las notas de aproximación pueden ser tratadas con acordes de este tipo, y en este caso se utilizan tres tipos principales de armonización: cromática, paralela, y diatónica.

13.4.1   Cromática

Todas las voces superiores se mueven cromáticamente y en la misma dirección hacia el acorde híbrido objetivo.

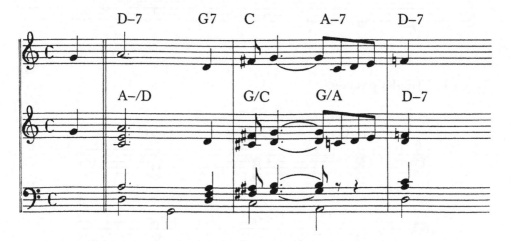

13.4.2   Paralela

Todas las voces superiores se mueven de tono y en la misma dirección hacia el acorde híbrido escogido como objetivo.

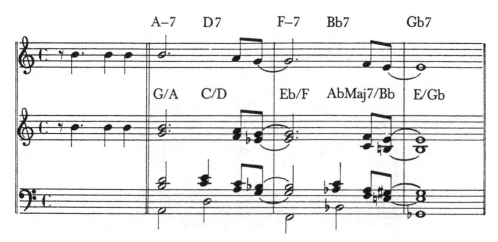

13.4.3 **Diatónicas**

Todas las voces superiores se mueven por grado conjunto diatónico hacia el acorde objetivo; se usa como escala fuente la escala sobre la que se ha construido el acorde híbrido objetivo.

13.5 REARMONIZACION DE LA PROGRESION ARMONICA

Los acordes híbridos pueden también usarse como recurso de rearmonización de la progresión armónica; en este caso los mejores resultados se obtendrán cuando la melodía no ataque la tercera del acorde, aunque ello pueda producirse ocasionalmente.

Un posible sistema rápido para encontrar los posibles acordes híbridos de un determinado acorde, sería a través de la fórmula: V/I, II/I, VII/I.

Lo que significa que, dado un acorde, los tres híbridos principales que pueden formarse son el resultado de superponer a la fundamental del acorde original los acordes que se forman sobre los grados II, V y VII de la escala que le corresponde al acorde original.

Si buscamos los híbridos de F–7, en tono de Eb mayor, la escala que le corresponde a F–7 es la dórica, ya que funciona como II–7; los acordes serán los que se formen sobre los grados II, V, y VII de la escala dórica de Fa.

V/I   C–/F   C–7/F

II/I   G–/F   G–7/F (el Fa está duplicado)

VII/I   Eb/F   EbMaj7/F

La armonización o rearmonización utilizando estos acordes, como cualquier otro recurso puede usarse combinado con acordes tríadas o cuatríadas normales, o únicamente con acordes híbridos, según sea el objetivo.

Estos acordes comenzaron a utilizarse en la música pop a partir de los años 70. El V/I combinado con el I tríada o cuatríada, y el V7 sus4, son quizá los híbridos más famosos. En muchas ocasiones se recurre a ellos como una apoyatura sobre el acorde original, aunque no por ello pierden su categoría de híbridos.

XIV. LA REARMONIZACION

El concepto de rearmonizar está basado en el proceso de cambiar y (o) añadir acordes a una determinada progresión armónica; esto ya ha sido estudiado anteriormente en algunos aspectos, como el de modificar una progresión armónica cambiando acordes de función tonal similar o el de añadir acordes de función similar, o dominantes secundarios, patrones II–V, II–V cromáticos, rearmonización de acordes disminuidos, etc.

En este capítulo se desarrolla la rearmonización partiendo de tres criterios base: por relación melodía-armonía, por resolución armónica y por patrones armónicos. En los tres casos se usan tanto los recursos señalados anteriormente como algunos nuevos que se introducen aquí.

Sin duda, lo más importante en una rearmonización es su finalidad; el cambiar por cambiar fácilmente desembocará en una progresión incoherente. Así pues, un objetivo será esencial.

Cada estilo musical tiene unas características que le definen, entre ellas estará la armonía. Una buena rearmonización no sólo corregirá los acordes más o menos mal situados o cifrados, sino que también tratará de usar aquellos patrones armónicos que acentúan el estilo, por lo que será esencial un conocimiento del mismo si se quiere obtener una buena rearmonización.

No tendría mucho sentido, por ejemplo, tratar de rearmonizar una progresión armónica en el estilo Be Bop utilizando acordes híbridos, tríadas, o acordes invertidos, como tampoco lo tendría el de usar II–V cromáticos y (o) por extensión en una progresión de rock, aunque esto no se pueda definir como una regla absoluta, ya que normalmente no se usan los acordes citados en los estilos indicados.

14.1 POR RELACION MELODIA-ARMONIA

Aunque ninguno de los tres sistemas está desligado de los otros dos, basándonos en la relación melodía-armonía, se podrá rearmonizar una progresión armónica o parte de la misma, cambiando la relación entre melodía y armonía.

Original:

Rearmonización:

La rearmonización de esta frase, el tema A de un estándar de forma ABAC, permitiría que las dos A's siguieran siendo iguales melódicamente, pero estarían armonizadas en diferentes tonos, lo que daría un color inesperado al tema. El procedimiento aquí seguido, ha sido el de buscar una relación melodía-armonía distinta en los puntos claves de la melodía; la frase original termina con una semicadencia; así pues, se ha buscado también una semicadencia sobre las mismas notas melódicas encima de otros acordes. A partir de aquí y usando patrones armónicos adecuados al estilo, se ha ido creando el resto de la progresión, procurando situar los acordes de reposo sobre los mismos puntos que en el original.

La utilización de una relación melodía-armonía paralela dentro de una determinada área tonal, es también un recurso para la rearmonización usado sobre todo en melodías pasivas, baladas, etc., ya que implica una armonización de cada una de las notas de la melodía.

146

El procedimiento consiste en buscar dónde se produce el cambio de área tonal, y respetando la relación melodía-armonía de la última nota del área tonal a rearmonizar, mantener esta relación con todas y cada una de las notas melódicas del área tonal en rearmonización. Este procedimiento es más factible con melodías diatónicas y acordes diatónicos.

Original:

Rearmonización:

En el ejemplo anterior el área tonal rearmonizada es la de tónica, que en el original está ocupada por los acordes B–7, y E–7. El cambio de área tonal se produce en el acorde A7, dominante secundario, (V7/V); la última nota del área de tónica es "Re", y la relación melodía-armonía de ésta, es de séptima. Se armonizan pues, todas las notas de esta área de manera que resulten la séptima de un acorde diatónico; en este caso la primera nota de este área coincide su rearmonización con el acorde original; de no haber sido así, lo mejor hubiese sido mantener el acorde original, a menos que el resultado hubiera sido un acorde de función tonal similar al original.

Otras formas de armonización por relación melodía-armonía paralela son posibles: rearmonizar la última nota del área tonal con un acorde que haga una buena resolución hacia el primer acorde de la nueva área tonal (se entiende por buena resolución el movimiento de fundamentales de grado conjunto o el de cuarta justa ascendente). Una vez realizado esto se rearmonizan las restantes notas manteniendo el paralelismo de la relación melodía-armonía obtenida sobre la última nota.

Como en el caso anterior, la primera nota del área tonal rearmonizada se mantiene con el acorde original, a menos que el resultado sea el de un acorde de función similar.

Este procedimiento utiliza acordes diatónicos, con lo que el paralelismo entre melodía y armonía no es absoluto, aunque esto también es un recurso de rearmonización, el resultado es mucho más abstracto y raramente usado.

La utilización de otros tipos de acordes, como los híbridos, es también posible.

Sea cual sea el sistema escogido, la rearmonización de un área tonal por paralelismo, dará como resultado una gran densidad armónica, lo que restará agilidad a la progresión dándole un sentido eminentemente vertical. Este será pues el objetivo de esta rearmonización.

14.2 POR RESOLUCION ARMONICA

Si en la rearmonización por relación melodía-armonía paralela, esto era lo fundamental, aquí lo es la resolución armónica, el enlace entre acordes sucesivos. De todas formas también deberá funcionar la relación lógica entre la melodía y la armonía, aunque no sea lo principal en este tipo de rearmonización.

También aquí la rearmonización se basa en la última nota del área tonal a rearmonizar; el acorde con que dicha nota está armonizada debe ir precedido de uno con lógica resolución hacia él, y así sucesivamente aunque la relación melodía-armonía vaya cambiando de acorde en acorde. Como ya es usual, la primera nota del área a rearmonizar mantendrá la armonía original.

Para este proceso lo más usual es utilizar acordes de la especie de dominante y siguiendo el ciclo de quintas, a fin de conseguir la lógica resolución de su tritono.

A la última nota del área tonal a rearmonizar se le armoniza con un acorde de dominante que resuelva sobre el primero de la nueva área tonal; una vez obtenido éste, se le precede de otro con resolución hacia él y así sucesivamente.

La resolución de dominante también se produce sobre un acorde cuya fundamental está un semitono debajo de la suya, por lo que este principio se puede usar.

También, claro está, se podrán usar combinaciones de ambas resoluciones.

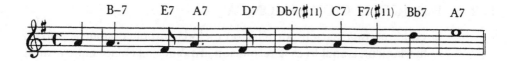

Cuando sea necesario se deberán acomodar los acordes de dominante a la relación melodía-armonía, utilizando V7sus4, alterando la especie V7(b5), o indicando las tensiones según el caso.

La rearmonización de una determinada área tonal no es en ningún caso algo riguroso, por lo que no es preciso rearmonizarla completamente. Lo que sí debe tenerse en cuenta es que, una vez comenzada la progresión con acordes de rearmonización, éstos deben llegar a su objetivo.

Sin sentido

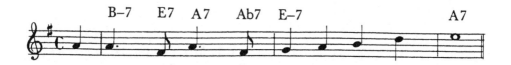

La utilización del patrón II–V es también un recurso en este tipo de rearmonización. Habrá, claro está, que guardar el adecuado ritmo armónico y el resultado deberá dar una lógica relación melodía-armonía. Con este patrón se podrán obtener muchas variaciones, ya que el enlace entre patrones podrá apoyarse en la resolución de dominante por el ciclo de quintas o por semitono, y además esta resolución podrá dirigirse hacia el dominante o el II del patrón siguiente.

Pueden también usarse estructuras armónicas paralelas, con relación a la que se escoge para la última nota del área tonal, sin olvidar al elegir este último acorde que el mejor enlace entre áreas es el producido por acordes cuyas fundamentales se mueven por grado conjunto o por cuarta justa ascendente.

Este proceso dificilmente podrá realizarse de forma rigurosa ya que la relación melodía-armonía lo impedirá. Lo que sí se podrá hacer es combinar esta técnica con cualquiera de las anteriores, o retocar la especie alterando alguno de sus grados, básicamente la quinta; en todo caso el resultado deberá tener una cierta coherencia. Otra solución será la de no rearmonizar toda el área tonal; teniendo presente lo mencionado anteriormente que, cuando se utiliza el primer acorde de rearmonización, la resolución o el mecanismo de enlace no debe detenerse hasta la nueva área tonal.

14.3   POR PATRONES ARMONICOS

Aunque la utilización de un II–V se considera un patrón, en este caso la rearmonización difiere de la del apartado anterior en que aquí no se aplica nota a nota sino que se usa una sucesión de acordes de una misma especie con un movimiento entre fundamentales típico, por ejemplo recordando el patrón bIIIMaj7–bVIMaj7–bIIMaj7. Son posibles además todos los recursos vistos anteriormente, y en general cualquier patrón armónico típico que la relación melodía-armonía permita.

14.4   DESPLAZAMIENTO DE II–V

Este es uno de los recursos utilizados en la rearmonización de una progresión armónica, aunque no incluido en los casos de rearmonización del área tonal. El procedimiento consiste en comprimir el patrón II–V original a la segunda mitad de su ritmo armónico e incluir en su primera mitad otro patrón II–V un semitono por encima. Esto no es más que una aplicación de los recursos estudiados en los II–V cromáticos. Esta rearmonización resulta muy efectiva en los casos en que sobre el II–7 original, la melodía está formada por notas largas, y al rearmonizar la relación melodía-armonía con el nuevo II–7, resulta en la novena u oncena de éste; esta última situación sólo se dará si el II–7 original es II–7(b5) con la b5 en la melodía.

14.5   USANDO UNA LINEA DE BAJO

Después de la melodía la línea melódica más importante es la del bajo. Así pues, una adecuada relación entre estas dos melodías justificará, normalmente, cualquier armonización. Esto no puede tomarse de forma categórica, pero en muchos casos se cumplirá; por ejemplo, una línea en el bajo en dirección contraria a la de la melodía dará suficiente solidez al conjunto para soportar enlaces entre acordes que no serían usuales. Una armonización basada en este concepto implicará normalmente el uso de acordes invertidos.

La línea de bajo más simple está construida con las fundamentales de los acordes que forman la progresión; según el estilo, se le pueden introducir variaciones, ya sea alternando la fundamental con la quinta del acorde, o "walking", utilizando otras notas del acorde después de la fundamental, etc. Estas técnicas están desarrolladas en el capítulo correspondiente a este instrumento, el bajo, en el libro Técnicas de arreglos para la orquesta moderna.

O sea, la línea de bajo se crea sobre una determinada progresión armónica. En cambio, cuando se armoniza o rearmoniza por línea de bajo, primero se creará ésta y después la armonía. Esto, claro está, no debe ser riguroso y podrá ser utilizado en fragmentos junto con otros en los que la línea de bajo está creada por el sistema más simple o usual citado anteriormente.

La creación de la línea del bajo antes de la armonía generalmente nos conduce a armonizar usando acordes invertidos además de los usuales en estado fundamental, por lo que algunas consideraciones sobre éstos se deben tomar en cuenta, ya que existen algunas limitaciones respecto al uso de los mismos, algunas de índole acústico, aunque la mayoría lo sean por razones de uso.

14.5.1 Acordes invertidos

Los acordes tríadas tienen dos inversiones: con la tercera del acorde en el bajo, y con la quinta en el bajo. Los cuatríadas además pueden tener la séptima como nota más grave.

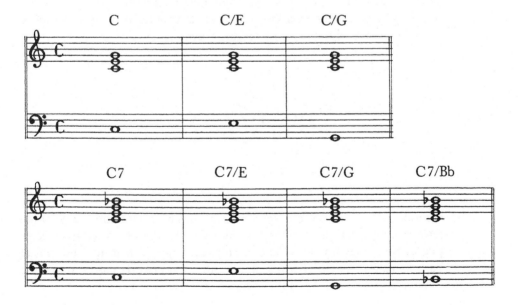

Los acordes en estado fundamental, si bien no tienen limitaciones con respecto a su uso, sí tienen hábitos según la época o estilo de la música que los utiliza, fenómeno que ha sido ya explicado en capítulos anteriores: las funciones tonales, las cadenas, cadencias, substitutos..., etc. Los acordes invertidos no pierden su función por este hecho, pero sí ven algo limitada su actuación; por ejemplo, un acorde de subdominante en estado fundamental puede libremente moverse hacia otro de dominante o resolver hacia uno de tónica para crear la cadencia plagal; en cambio, uno de subdominante invertido, aunque también podrá moverse hacia una de estas funciones, normalmente lo hará sobre unos determinados acordes de las mismas y éstos en determinadas inversiones. Este hecho viene motivado por dos razones principales: el uso que tradicionalmente se ha hecho de ellos, y la menor estabilidad con respecto a su estado fundamental. Probablemente el primer aspecto está directamente relacionado con este último.

La armonía está basada en la agrupación de sonidos, y las estructuras básicas en la acústica en la descomposición de un sonido fundamental en sus armónicos.

Así pues, cuando oímos un grupo de notas, tendemos a identificar la que toca el bajo como una fundamental, debido a que sus armónicos sonarán con más fuerza, y a que nuestra cultura musical está basada en ello; evidentemente esta tendencia será mayor o menor según el contexto en el que se produzca, y el tratamiento que se dé al acorde.

En abstracto se puede decir que, al oír un grupo de notas tratamos de ordenarlas con respecto a la más grave, a fin de entender un acorde perfecto mayor o menor en estado fundamental, y en preferencia el primero, sobre todo si la nota más grave está en la tesitura del bajo, lo que se considera como el área de los sonidos graves.

Cuando esto no es posible, tendemos a pensar en ello como algo pasajero; que las notas encima de este bajo son apoyaturas, o sea que reemplazan provisionalmente a las verdaderas, o que la nota que está en el bajo no es una auténtica fundamental sino una nota de paso y que debe moverse por grado conjunto hacia una auténtica fundamental.

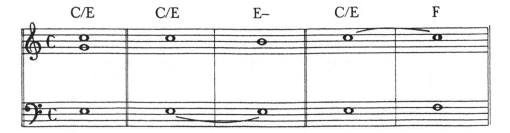

En el ejemplo anterior la inestabilidad se produce entre las notas Do y Mi, lo que significa que, o bien Do está omitiendo Si como una apoyatura de éste, o que Mi no es una auténtica fundamental sino una nota de paso hacia Fa. Lo normal será pues que esta inversión del acorde C, resuelva sobre el acorde F, o que C/E sea en realidad un E–, con una apoyatura sobre su quinta. Con los acordes menores son aplicables estas mismas consideraciones, aunque en la realidad se usan mucho menos. Los tres acordes diatónicos menores que se forman sobre la escala mayor son el II–, el III–, y el VI–; en el primer caso la inversión de este acorde resulta en el del IV grado en estado fundamental y con la sexta añadida, algo muy frecuente en la música moderna. La función total de ambos es la misma y la única diferencia es que el de F6 contiene la quinta, nota Do, o sea es un cuatríada, pero el cambio de sonoridad es mínimo ya que esta nota Do es un armónico de Fa, precisamente el segundo después del sonido fundamental, por lo que tiene mucha presencia.

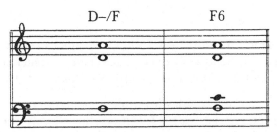

El acorde VI– en primera inversión, suena a I6 por las mismas razones expuestas para el II; si cabe, éste es aún más frecuente, por lo que casi nunca se cifrará como una inversión del acorde VI–.

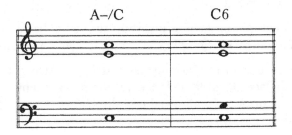

Como ya se ha mencionado antes, el III– invertido tiende a sonar como I invertido, al no ser frecuentes las inversiones de los acordes menores en la música moderna; al oírlas, tratamos de identificarlas con alguno de los casos que ocasionalmente se pueden encontrar, siendo las inversiones del acorde I, sobre todo, son las que más fácilmente se pueden hallar.

Cuando un acorde tiene la quinta en el bajo, las dos notas superiores tienden a sonar como apoyaturas, especialmente si en el bajo tenemos un grado importante de la escala, I, o V, en particular. Quizá la más utilizada es la inversión del acorde I como resolución del ♯ IV–7(b5) o del ♯ IVº7.

La tendencia principal de esta inversión, I/5, es la de moverse hacia el acorde V.

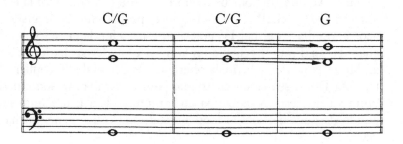

Los comentarios sobre las distintas inversiones realizados hasta aquí, no significan que éstas sólo puedan hacer las resoluciones o movimientos indicados; otros son posibles, aunque no tan frecuentes.

Generalmente los acordes invertidos acostumbran a moverse por grado conjunto en el bajo, ya sea hacia otro acorde invertido o hacia uno en estado fundamental.

C/E tenderá hacia un acorde cuya fundamental o inversión dé en el bajo un Fa o un Re; de esta manera el bajo se moverá por grado conjunto, evidentemente también podrá mantenerse sobre Mi y cambiar la armonía como una forma de pedal.

No es usual que un acorde invertido se mueva hacia otro en la misma inversión, pues, por ejemplo C/E – D/F tendería a sonar como C/E – F6.

En los acordes en primera inversión debe evitarse la duplicación de la tercera del acorde en la melodía, ya que precisamente esta nota está en el bajo; en armonía tradicional esta disposición está en ocasiones prohibida e incluso restringida la duplicación en una voz interior.

Con los acordes cuatríadas son aplicables los mismos comentarios hechos para con los tríadas. Cuando es la séptima la que está en el bajo, hay que tener en cuenta que esta nota, normalmente, no se duplica en ninguna otra voz, y nunca en la melodía, y que a esta inversión se suele llegar desde el mismo acorde en estado fundamental, y salir de ella por grado conjunto, como es usual en los acordes invertidos y en este caso generalmente por grado descendente.

El uso más frecuente de esta inversión también se encuentra en el acorde I y el V. En el primero para moverse hacia VI–7 o IV/3, y en el segundo para hacerlo principalmente hacia I/3.

Así pues, la utilización de una línea de bajo, por grados conjuntos, y en preferencia descendente, permitirá prácticamente cualquier rearmonización de una melodía; la alternancia entre acordes invertidos y en estado fundamental será lo lógico; además la resolución cromática, precisamente en la línea del bajo, hará posible enlaces no usuales entre acordes en estado fundamental.

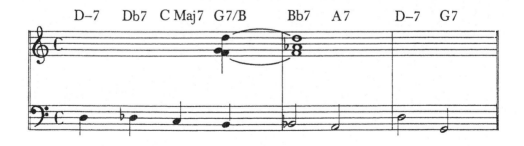

157

En cualquier caso, la relación melodía-armonía, deberá funcionar. Hay que considerar también que los acordes invertidos normalmente no aceptan tensiones, ni en la melodía; ello es debido a que éstas, junto con la nota que está en el bajo, pueden fácilmente implicar otro acorde, con lo que falsearían la idea original de la progresión o se podrían interpretar como un acorde mal cifrado.

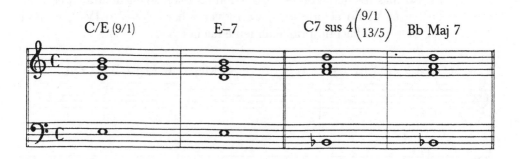

En el ejemplo anterior, el acorde C/E utiliza la tensión 9 en lugar de la fundamental y el resultado es E–7; en el siguiente caso del mismo ejemplo, el acorde C7sus4 utiliza la tensión 13 por la quinta y la 9 por la fundamental, y el resultado es BbMaj7. Esto no significa que en ningún caso puedan usarse tensiones sobre acordes invertidos, sino que al hacerlo debe controlarse que éstas no alteren la función original del acorde.

XV. ARMONIA MODAL

Toda música diatónica a una determinada escala se puede considerar como modal, aunque por este término normalmente se entienda un tipo de música basada en los modos antiguos, cuyo origen está en los llamados modos griegos.

Los modos griegos fueron adaptados a la música de culto de la iglesia católica, música gregoriana, en la época medieval, y recibieron distintas denominaciones según la época o tratado. La nomenclatura actual, aunque no se puede precisar con exactitud, se la debemos a Gladeamus (1547) y Zarlino.

Los modos griegos están basados en dos tetracordos iguales con los que se construyen tres escalas o modos principales y en seis modos derivados de éstos, utilizando el tetracordo inferior como superior o el superior como inferior para formar una nueva escala. Estas nuevas escalas recibieron el mismo nombre que las de las que estaban derivadas, añadiéndoles el prefijo Hiper o Hipo según su formación se hubiera realizado sobre el tetracordo superior o inferior de la escala principal.

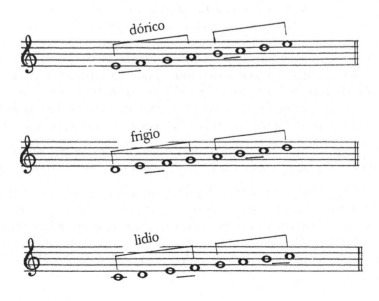

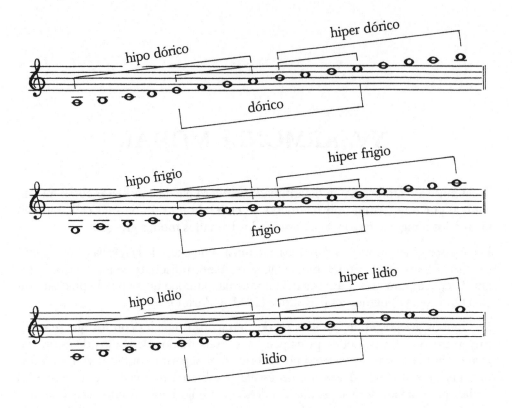

De los nueve modos resultantes dos eran repetidos, el hipodórico es igual al hiperfrigio, y el hipofrigio lo es al hiperlidio. Otros fueron cayendo en desuso, al igual que las denominaciones con el prefijo hiper. Finalmente quedaron en ocho, de los cuales dos eran iguales en cuanto a sonidos pero no en relación a su funcionamiento; de éstos se consideró cuatro como principales o auténticos y cuatro como plagales, cada uno relacionado con uno principal. Los cuatro modos principales eran los tres modos griegos originales, con la inclusión del mixolidio, que era el hiperdórico con esta nueva denominación. Ya adaptados al canto gregoriano, fueron ampliados a catorce a fin de que hubiera un modo auténtico y uno plagal sobre cada uno de los siete sonidos, pero inmediatamente se rechazaron los dos que se basaban en la nota Si por carecer de quinta justa desde la tónica.

Estos doce modos fueron numerados, siendo los impares los auténticos y los plagales los pares relacionados con el auténtico de número inmediato inferior.

Dado que estas escalas derivaban de los antiguos modos griegos, se trató de nombrarlas con dicho nombre y ahí comenzó una confusión que hoy en día aún perdura. Para unos el primer modo es el dórico, para otros el jónico, sin entrar en cuál de las denominaciones es la correcta (?); la más frecuente en los métodos de música actual es la que considera al jónico como primero, y es la que también aquí se sigue.

En cuanto a su funcionamiento, los seis modos principales tenían a su dominante en el quinto grado de la escala, excepto cuando éste era la nota Si que se cambiaba por Do; esto se hacía, ya que la nota Si se bemolizaba cuando se creía oportuno a fin de evitar el tritono con la nota Fa, el llamado "diabulus in música". Los modos plagales tenían como dominante al grado situado una tercera debajo de la dominante de su modo auténtico; y también en este caso, si la dominante era la nota Si, se cambiaba por Do, por la misma razón.

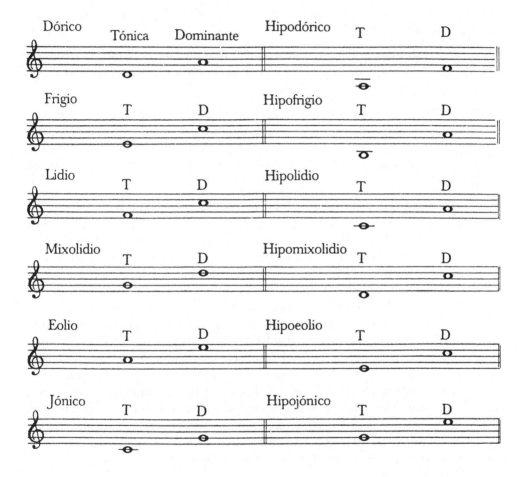

De entre los seis modos auténticos, dos se fueron imponiendo: el modo jónico, sobre el que se halla escrita la mayor parte de la música occidental y al que conocemos normalmente como el modo mayor; quizá la elección de este modo por encima de los demás se debe sobre todo a su equilibrio; sus dos tetracordos iguales con semitono entre sus grados III–IV y VII-VIII (I) hacen de esta escala la más estable, el tritono se crea entre el IV y el VII grados y su normal resolución hacia los grados más cercanos I–III implica el acorde perfecto mayor de tónica.

La preferencia de los compositores hacia este modo ha hecho que nuestro oído se haya "habituado" a él, de tal manera que intenta relacionar cualquier música con este modo y cuando no lo consigue la encuentra "exótica".

El segundo modo en importancia, en relación a la frecuencia con que ha sido usado, es el eolio. El tercer grado de este modo está a distancia de tercera menor del primero, el acorde de tónica es por tanto menor, y esto hace que habitualmente se le conozca por el modo menor. Su estabilidad es mucho más pequeña comparada con la del modo mayor, y ha sido retocado a fin de estabilizarlo, o mejor dicho de "mayorizarlo" ya que nuestros oídos están mucho más tranquilos si perciben algo en "mayor".

Las escalas artificiales que fueron creadas con este fin fueron la menor armónica y la menor melódica, todo ello estudiado en el capítulo correspondiente al modo menor.[1]

La utilización de otros modos como base para una obra musical ha sido más bien esporádica, probablemente porque el color de mayor o menor ya viene dado por el jónico y el eolio, y los demás colores que pueden ofrecer las distintas escalas modales difieren poco de estas dos y en cambio conllevan la dificultad de su estabilización.

Todos los modos están formados por los mismos siete sonidos. El hacer de cualquiera de ellos el centro sobre el que los demás gravitan es la base del sistema modal. Pero de hecho, y debido a que nuestro oído está saturado del modo predominante, el jónico, siempre que escucha un tritono tiende a identificarlo como el formado por los grados IV–VII; si, además, éste resuelve, lo identifica como el enlace V–I, lo que dificulta la estabilización de los modos en que el tritono no está entre estos grados IV–VII. La creación de las escalas menor armónica y melódica tenía ya en su día como principal objetivo el de conseguir un tritono entre los grados IV–VII del modo eolio; esta forma de estabilizar un modo podría aplicarse a cualquier otro modo, pero el resultado no dejaría de ser una imitación del modo mayor o menor de los que ya se dispone. El objetivo es pues que, sin retocar un determinado modo, se pueda funcionar musicalmente en él, y para ello, evitar todos los enlaces armónicos que puedan llevar al oído a entender el modo mayor relativo. Estos enlaces, digamos, a evitar, no es que suenen mal en un determinado modo sino que no dan el sabor de éste, o lo que es peor, desvían la atención del oído hacia el modo mayor relativo.

15.1   LA NOTA CARACTERISTICA

Cada modo tiene una nota característica que le da el color, el carácter, y lo diferencia de los demás modos. En realidad son dos las notas que tienen estas propiedades, aunque una de ellas es de mayor impor-

[1] Véase Cap. 29, Teoría musical y armonía moderna. Vol. I.

tancia y a la que normalmente nos referimos como la "nota característica", siendo la otra denominada "característica secundaria". En todas
las escalas modales está incluido un intervalo de tritono entre dos de
sus grados diatónicos y las dos notas que lo forman son precisamente
las notas características.

Para saber cuál de las dos notas que forman el tritono del modo es la
principal, se deben superponer por terceras, una a una todas las notas
de la escala encima de la tónica; la primera de las dos en salir, será
la nota característica secundaria, y en consecuencia la principal será la
otra.

Notas características

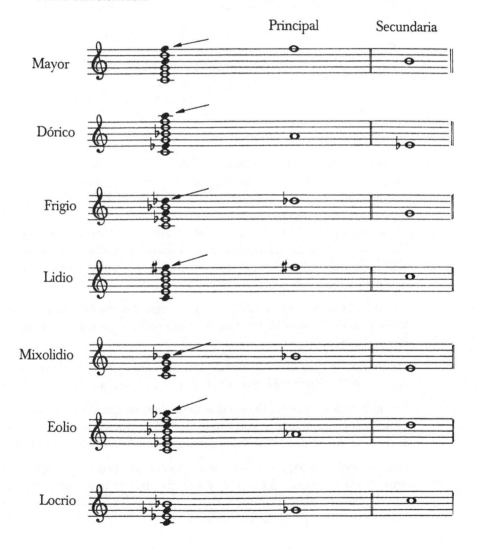

15.2   LA MELODIA

La sencillez y el diatonicismo son sus principales características. La melodía gravita alrededor de la tónica y evita el semitono ascendente entre una de sus notas características y el grado diatónico inmediato superior, ya que esto podría estar relacionado con el movimiento VII–I de su modo mayor relativo. Las frases melódicas acostumbran a terminar sobre la tónica o el quinto grado, y con menor frecuencia sobre el tercero.

D dórico

15.3   LA ARMONIA

Algunos acordes utilizan escalas que llevan el mismo nombre que algún modo, pero no debe confundirse ya que una cosa es el modo dórico, por ejemplo, y otra el que un acorde II–7 o un II–7 relativo utilice la escala dórica. Muchos temas usan la armonía modal como un recurso dentro de un contexto no modal, mayor o menor, en una cadencia, una parte de la progresión, etc., aunque temas totalmente en un modo distinto a los clásicos, mayor y menor, también son posibles, aunque no frecuentes.

Los acordes formados sobre los distintos grados diatónicos a una determinada escala modal, son clasificados como "de tónica", "cadenciales", y "a evitar".

De tónica, se considera al acorde formado sobre el I grado de la escala; él es el eje sobre el que deben girar los demás acordes.

Como acordes cadenciales, se entienden aquellos que contienen la nota característica principal, y son, junto con el de tónica, los acordes básicos sobre los que se formarán las progresiones armónicas en el modo.

Los acordes a evitar, son los que contienen las dos notas características, o sea el tritono del modo, y una de ellas es la fundamental del acorde; tal y como su nombre indica, estos acordes normalmente no se utilizarán en una progresión armónica en el modo en cuestión.

Finalmente, los demás acordes son de poca relevancia dentro del modo, y se les denomina simplemente como "no de tónica". Aunque en algunos casos éstos pueden representar la lógica expansión del acorde I, debe considerarse que en música modal el acorde de tónica no tiene substitutos, ya que éstos podrían fácilmente implicar un desplazamiento del centro tonal, poco estable ya de por sí.

En cualquiera de las clasificaciones anteriores los acordes pueden ser tríadas o cuatríadas, aunque para el acorde I se prefiere la tríada.

15.4   LA PROGRESION ARMONICA

En el denominado "jazz modal" se pueden encontrar temas en los que el sabor modal se consigue por la ausencia de progresión armónica; la armonía consiste simplemente en diversas estructuras diatónicas sobre un pedal de tónica, en especial se usan acordes por cuartas; los temas *So what*, e *Impressions*, son dos muestras de ello. El cambio de color en este tipo de temas se produce por modulación, y normalmente en el nuevo centro tonal se repite el mismo esquema armónico y melódico. En los temas antes citados, de forma AABA, las A's están en Re dórico, y la B, en Mib dórico, siendo melodía y estructuras armónicas idénticas en A y en B.

La progresión armónica, evidentemente, es posible en armonía modal, pero por los motivos antes señalados de no implicar el modo mayor relativo, sus posibilidades son escasas, las progresiones son únicamente cadencias de acordes diatónicos. Aquí, pues, no se usan ni dominantes secundarios ni substitutos, ni cadenas, ni acordes relacionados. Hay que insistir en que raramente se encuentran temas exclusivamente en un modo; lo más frecuente es el intercambio modal o la utilización del sabor de un modo, en el mayor, o en el menor.

15.5   ELECCION DE ARMADURAS

Existen tres sistemas para colocar la armadura en un tema modal: el primero, no usar armadura y añadir las alteraciones necesarias en cada caso. Muchos compositores, sobre todo clásicos, han seguido este criterio (B. Bartok), que es especialmente útil cuando se modula frecuentemente o se usa un sabor modal combinado. El segundo procedimiento es el de usar la armadura del modo mayor relativo, por ejemplo, dos bemoles para Re frigio, un sostenido para Do lidio; este sistema tiene el peligro de centrarnos sobre el relativo mayor. El tercer sistema es el de usar la armadura del modo mayor o menor paralelo según sea el caso; por ejemplo, un bemol para Re frigio, o un sostenido para Sol mixolidio; este sistema tiene la ventaja de que la armadura centra el tono, pero, por el contrario, es necesario recurrir a las alteraciones adicionales para rectificarla.

En cualquier caso el compositor decide libremente el sistema a usar. Es de todas formas muy recomendable indicar al principio de la obra el nombre del modo.

15.6   LOS MODOS

Los modos practicables son cinco:
Jónico
Dórico
Frigio
Mixolidio
Eolio

Los impracticables dos:
Lidio
Locrio

El modo lidio es considerado impracticable ya que su cuarto grado no está a distancia de cuarta justa de la tónica. Aunque esto es ya bastante significativo, el hecho de que éste se encuentre a semitono del quinto grado, hace que la estabilización se produzca más hacia éste que hacia la tónica. A pesar de ello se pueden encontrar ejemplos de su utilización, al menos parcialmente, en la composición de temas, por lo que aquí se tratará como un modo practicable, sin pretender con ello calificarlo como tal.

15.6.1   El modo jónico

El modo mayor o jónico ya ha sido ampliamente estudiado en el primer volumen de este texto, y es citado aquí simplemente como ejemplo. Dado el presumible conocimiento que de él se tiene, puede ayudar enormemente a comprender el proceso de análisis que se seguirá en los demás modos. La nota característica es el IV grado, Fa en el ejemplo, los acordes de tónica son el I y el IMaj 7, el primero en preferencia, ya que es más estable. Los acordes característicos son los que contienen el IV grado, nota característica del modo, y son II–, IV, II–7, IVMaj7, V7, los acordes "a evitar" serán los que tengan el tritono contra su fundamental: VIIdis y VII–7(b5). Los demás acordes funcionarán como "no de tónica" y serán mucho menos frecuentes.

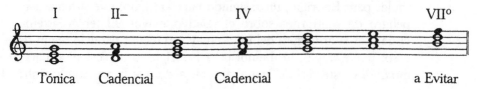

I   II–   IV   VII°

Tónica   Cadencial   Cadencial   a Evitar

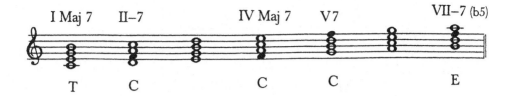

Las superestructuras sobre los principales acordes; tónica y característicos, nos darán las escalas indicadas en cada caso.

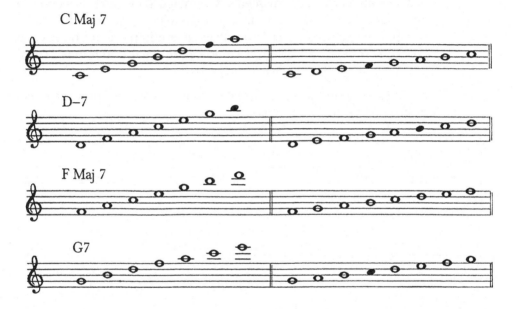

Los patrones típicos al modo vendrán dados por los enlaces entre la tónica y los acordes característicos.

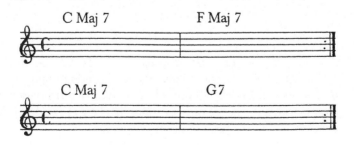

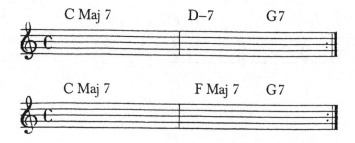

Cuando se trabaja en "modal" es muy frecuente la utilización de los acordes híbridos, también llamados incompletos debido a que su sonoridad indefinida ayuda a mantener la ambigüedad tonal, lo contrario de lo que sucede con un acorde de la especie de dominante, donde por ejemplo, su gran tendencia a resolver quiere implicar un objetivo al que el oído tiende a estabilizar como centro tonal o introtonal, como es el caso de los dominantes secundarios.

En cada modo los híbridos formados sobre los acordes principales del mismo son los más característicos.

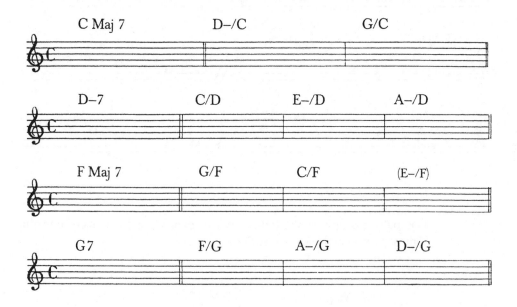

El modo mayor, base de la música occidental, no tiene enlaces de acordes que deban ser evitados, al contrario de lo que sucede con otros modos, ya que precisamente allí se evitan determinados enlaces pues estos favorecen que el oído se estabilice en el modo mayor relativo, que en este caso es precisamente el mismo.

15.6.2 **El modo dórico**

Está formado por dos tetracordes menores y es uno de los modos griegos originales aunque reciba otro nombre.

15.6.2.1 Acordes

La nota característica del modo es el VI grado, en el ejemplo la nota "La", los acordes de tónica son el tríada y el cuatríada formados sobre el I grado, I–, y I–7; el primero es preferido, al igual que en los otros modos, por su mayor estabilidad.

Los acordes característicos son los que contienen el VI grado. Así en tríadas se encuentran el II– y el IV, y en cuatríadas el II–7, el IV7 y el bVIIMaj7.

Los acordes a evitar son el VIdis en tríada, y el VI–7(b5) en cuatríadas, siendo el resto de acordes tratados como no de tónica.

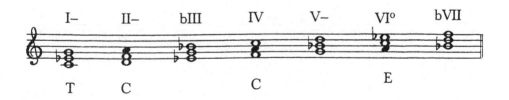

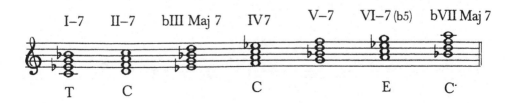

A menudo los acordes no de tónica representan la lógica expansión de ésta y se utilizan encima del pedal de tónica.

15.6.2.2   Superestructuras:

A los acordes de tónica I– y I–7, les corresponde la escala dórica; la diferencia, en este caso, con la escala dórica usada en los II–7 del modo mayor es la de que no hay nota a evitar y el sexto grado de la misma es aquí tratado como tensión 13.

II–7
A este acorde le corresponde la escala frigia.

IV7
Le corresponde la escala mixolídia.

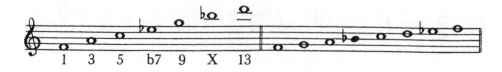

bVIIMaj7

Le corresponde la escala jónica.

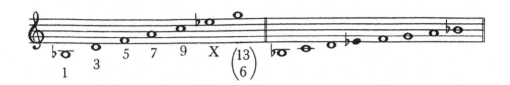

15.6.2.3 Patrones usuales

Como en toda música modal los patrones de acordes característicos girarán alrededor del acorde de tónica. Los más usuales son:

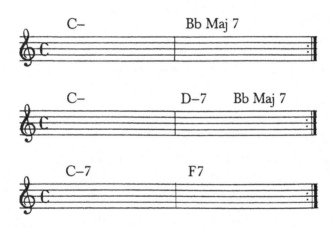

Los enlaces armónicos a evitar, a fin de no implicar el modo mayor relativo son:

IV7	→	bVIIMaj7	esto implicaría	V7/I	→	IMaj7
IV7	→	II–7	"	"	V7/I	→	III–7
IV7	→	V–7	"	"	V7/I	→	VI–7

15.6.2.4 Acordes híbridos característicos

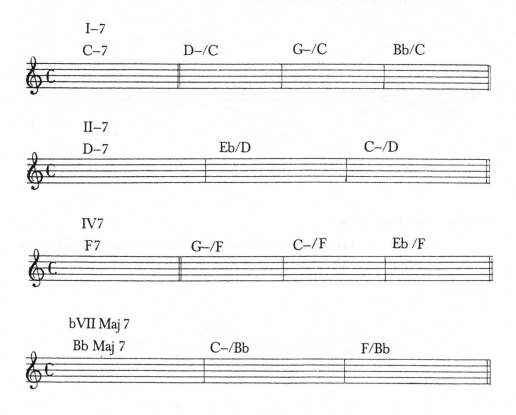

15.6.2.5 Patrones con híbridos

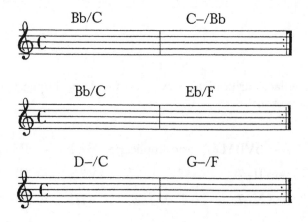

15.6.3 El modo frigio

Está formado por dos tetracordos frigios, y también es uno de los modos griegos originales.

15.6.3.1 Acordes

La nota característica del modo es el grado bII, en el ejemplo anterior la nota "Reb". Los acordes de tónica son el tríada y el cuatríada formados sobre el grado I, I– y I–7. Preferentemente se usa el tríada por su mayor estabilidad.

Los acordes característicos son los que contienen el grado bII; en el grupo de los tríadas se encuentran los acordes bII y el bVII–, y en el de los cuatríadas el bIIMaj7 y el bVII–7. El acorde bIII7, aunque contiene la nota característica del modo, es tratado generalmente como acorde a evitar, por sus implicaciones hacia el modo mayor relativo; además de éste, en el grupo de los acordes a evitar, están el tríada Vdis y el cuatríada V–7(b5).

Los demás acordes, el IV–7 y el bVIMaj7, son tratados como no de tónica, y aun cuando se pueden usar como teóricos subdominantes, su uso no es frecuente ya que los dos son característicos del modo menor natural o eolio.

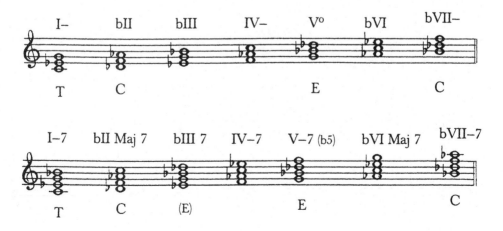

15.6.3.2 Superestructuras

I–7

Le corresponde la escala frigia.

1   b3   5   b7   (b9)   11   X

bIIMaj7

Le corresponde la escala lidia.

1   3   5   7   9   ♯11   13

bVII–7

Le corresponde la escala dórica.

1   b3   5   b7   9   11   X

15.6.3.3 Patrones usuales.

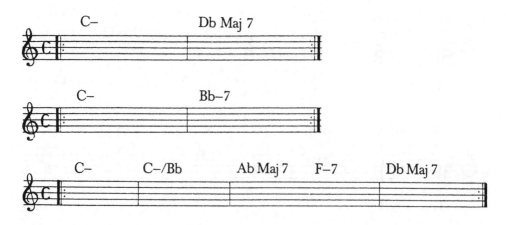

Los enlaces armónicos a evitar son:

bIII7	→	I–	implica V7/I	→	III–7
bIII7	→	IV–7	implica V7/I	→	VI–7
bIII7	→	bVIMaj7	implica V7/I	→	IMaj7
bVII–7	→	bIII7	implica II–7	→	V7
bIIMaj7	→	bVIMaj7	implica IVMaj7	→	IMaj7

15.6.3.4 Acordes híbridos característicos

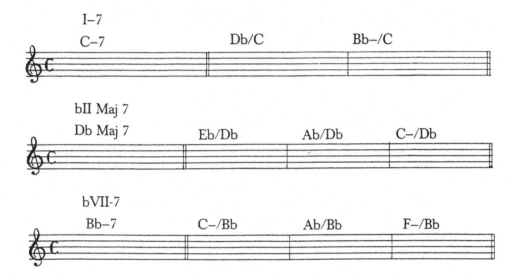

15.6.3.5 Patrones con híbridos

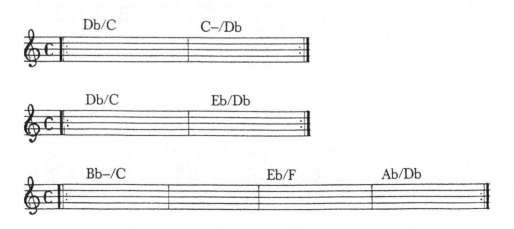

15.6.4 El modo lidio

Está formado por un tetracordo tonal seguido de uno mayor. Este modo no tiene uno de los grados tonales, ya que su cuarto grado se encuentra a distancia de cuarta aumentada de la tónica, por lo que frecuentemente es considerado como no practicable.

15.6.4.1 Acordes

La nota característica es el grado ♯ IV, los acordes de tónica son mayores: I y IMaj7; los acordes característicos son en tríadas: el II y el VII–; y en cuatríadas: el II7, VMaj7 y VII–7. Como acordes a evitar se encuentran el ♯ IVdis y el ♯ IV–7(b5).

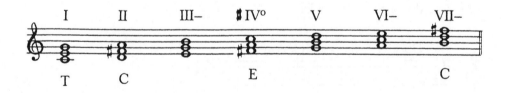

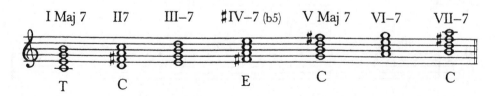

15.6.4.2 Superestructuras

IMaj7

Le corresponde la escala lidia.

II7

Le corresponde la escala mixolidia.

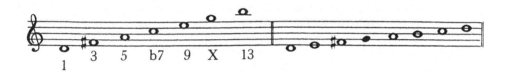

VMaj7

Le corresponde la escala jónica.

VII–7

Le corresponde la escala frigia.

15.6.4.3 Patrones usuales

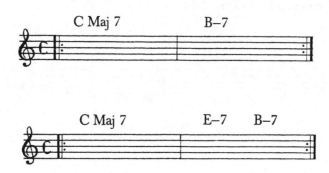

El enlace entre los acordes IMaj7 y VMaj7 es posible si el ritmo armónico ayuda a definir sus funciones, ya que, de no ser así, el oído fácilmente tenderá a tratar de identificar dicho patrón con el formado por IVMaj7 – IMaj7 del modo relativo mayor.

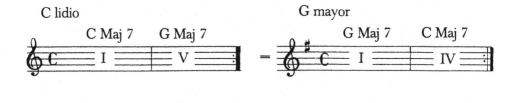

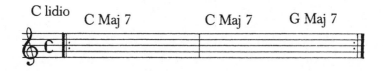

Los demás enlaces a evitar son II7 → VMaj7, que implica V7/I → IMaj7, y en general todos los movimientos del acorde II7 que tienden a implicar el modo mayor relativo, incluso el enlace II7 → I puede sugerir un dominante cromáticamente alterado. Por todo esto, si se usa el acorde sobre el segundo grado, se prefiere el tríada.

15.6.4.4 Acordes híbridos característicos

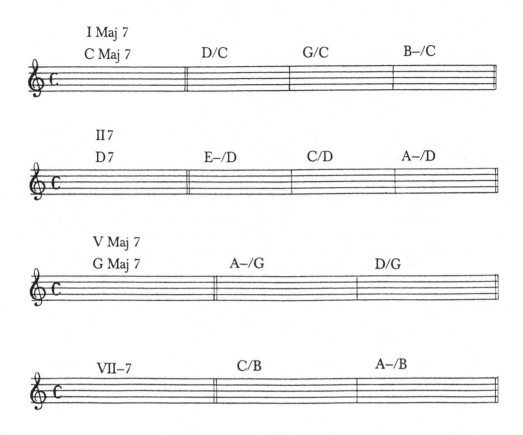

15.6.4.5 Patrones con híbridos

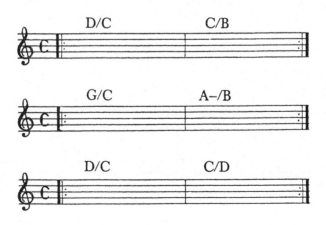

15.6.5 El modo mixolidio

Está formado por un tetracordo mayor seguido de uno menor.

15.6.5.1 Acordes

La nota característica de este modo es el grado bVII, los acordes de tónica son mayores: I y I7; como acordes característicos se encuentran el V– y el bVII en el grupo de los tríadas, y el V–7 y el bVIIMaj7 en el de los cuatríadas. El acorde de tónica I7 tiene la peculiaridad de que además es un acorde característico ya que contiene el grado bVII; es por este hecho que en general se prefiere el I tríada. Los acordes que se deben evitar son el IIIdis y el III–7(b5).

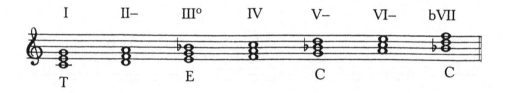

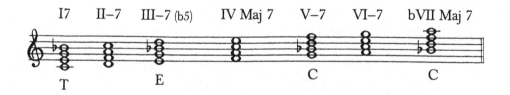

15.6.5.2 Superestructuras

I7

Le corresponde la escala mixolidia.

180

V–7

Le corresponde la escala dórica.

bVIIMaj7

Le corresponde la escala lidia.

15.6.5.3   Patrones usuales

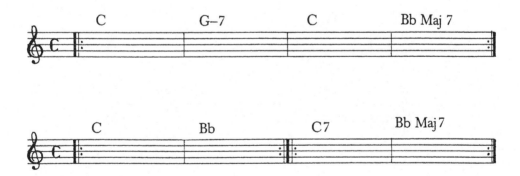

El patrón formado por el enlace entre los acordes I y V–7 puede usarse evitando implicar el típico patrón II–V del modo mayor relativo. Otro enlace que es mejor evitar es el formado por I7 → IVMaj7 que tenderá a sonar como V7/I → IMaj7.

15.6.5.4   Acordes híbridos característicos

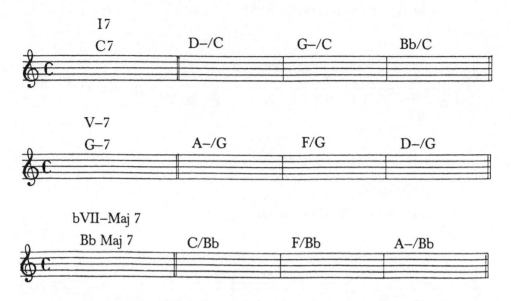

15.6.5.5   Patrones con híbridos

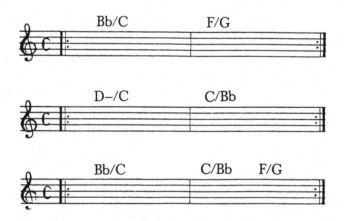

15.6.6   **El modo eolio**

Está formado por un tetracordo menor seguido de uno frigio; este modo sirvió de base para la creación del modo menor tradicional, ya estudiado en el primer volumen de este libro. A este modo se le alteraron los grados VI y VII a fin de estabilizarlo; aquí se trata tal y como es originalmente.

15.6.6.1 Acordes

La nota característica del modo es el grado bVI, los acordes de tónica son menores: I– y I–7; los acordes cadenciales del grupo de los tríadas son: el IV– y el bVI; y el IV–7, bVIMaj7 y bVII–7 en el de las cuatríadas; finalmente como acordes a evitar se encuentran el tríada IIdis y el cuatríada II–7(b5).

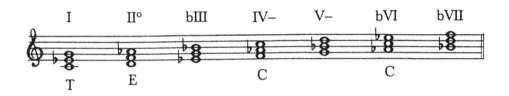

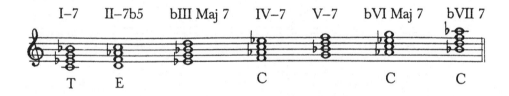

15.6.6.2 Superestructuras

I–7

Le corresponde la escala eolia.

IV–7

Le corresponde la escala dórica.

bVIMaj7

Le corresponde la escala lidia.

bVII7

Le corresponde la escala mixolidia.

15.6.6.3   Patrones usuales

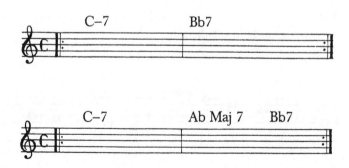

Los enlaces a evitar para no implicar el modo relativo mayor son:

bVII7 —— bIIIMaj7   implica   V7/I —— IMaj7

bVII7 —— V–7   implica   V7/I —— III–7

bVIMaj7 —— bIIIMaj7 implica   IVMaj7 —— IMaj7

El enlace IV–7 —— bVII7 puede implicar II–7 —— V7.

15.6.6.4   Acordes híbridos característicos

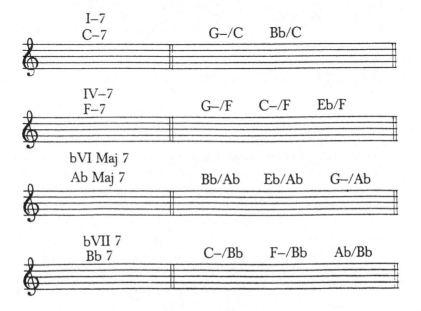

15.6.6.5   Patrones con híbridos

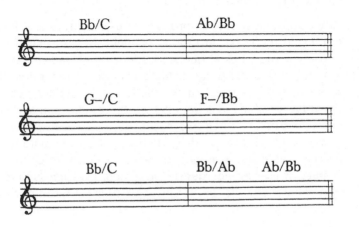

15.6.7 El modo locrio

Está formado por un tetracordo frigio seguido de uno tonal. El modo carece de dominante ya que su quinto grado se encuentra a distancia de quinta disminuida de la tónica. La nota característica es el grado bV y el acorde de tónica y el a evitar son el mismo. Así pues, este modo es considerado impracticable.

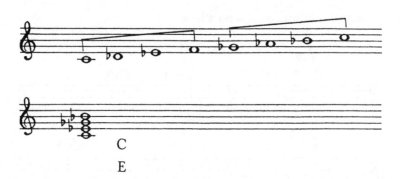

La composición de temas distintos en modo del mayor o menor tradicionales, es un recurso empleado ocasionalmente en la música de nuestros días, en el rock, pop, o jazz...; se pueden encontrar algunos ejemplos de ello, sobre todo de los modos dórico y mixolidio. Sin embargo, donde el recurso modal encuentra su mayor aplicación es en la composición, mediante el intercambio de acordes entre los distintos modos. El modo frigio es raramente usado en la música actual, ya que es fácilmente identificable con el "flamenco" y a menos que sea éste el efecto buscado, difícilmente se podrá evitar el recordarlo ya que, sin pretender entrar en detalles sobre él, se puede decir que está basado en el modo frigio, usando además el I del modo mayor paralelo.

15.7 EL INTERCAMBIO MODAL

El intercambio modal se produce al usar acordes diatónicos a un determinado modo en otro modo paralelo. El caso más frecuente de intercambio modal es el que se produce en el tradicional modo mayor al usar acordes del modo eolio, a los que se denomina de "subdominante menor", y que son estudiados en el primer volumen de este libro. Las posibilidades del intercambio modal son, sin embargo, mucho mayores que el simple hecho de usar acordes de subdominante menor; de hecho, se puede usar cualquier acorde diatónico a un modo en cualquiera de los modos paralelos, es decir, en el modo Do dórico se pueden usar los acordes de Do jónico, Do frigio, Do mixolidio, etc. Superponiendo todos los modos sobre un mismo centro tonal obtendremos todos los acordes y su relación con el dicho centro.

El acorde I

IMaj7 (jónico, lidio). Entre paréntesis los modos o escalas en donde se forman.
I–7 (eolio, dórico, frigio)
I–6 (melódica, dórica)
I–Maj7 (armónica, melódica)
I7 (mixolidia, blues)

El acorde II

II–7 (jónica, dórica, mixolidia, melódica)
bIIMaj7 (frigia)
II7 (lidia)
II–7(b5) (eolia, armónica)

El acorde III

III–7 (jónica, lidia)
bIIIMaj7 (dórica, eolia)
bIII7 (frigia)
III–7(b5) (mixolidia)

El acorde IV

IVMaj7 (jónica, mixolidia)
IV7 (dórica, melódica, blues)
IV–7 (frigia, eolia)
♯IV–7(b5) (lidia)

El acorde V

V7 (jónica, armónica, melódica)
V–7 (dórica, mixolidia, eolia)
V–7(b5) (frigia)
VMaj7 (lidia)

El acorde VI

VI–7 (jónica, lidia, mixolidia)
VI–7(b5) (dórica, melódica)
bVIMaj7 (frigia, eolia)

El acorde VII

VII–7(b5) (jónica, melódica)
bVIIMaj7 (dórica, mixolidia)
bVII–7 (frigia)
VII–7 (lidia)
bVII7 (eolia)
VIIdis7 (armónica)

Aplicando estas posibilidades se pueden crear temas de modalidad ambigua, usando acordes diatónicos a distintos modos, lo más frecuente es usar un modo como base y utilizar algún acorde de otro para dar un color especial a la progresión. Algunos temas además están construidos de manera que una frase tiene un modo como base y la siguiente frase está basada en otra escala o modo, utilizando en ambos casos intercambio modal, con lo que el sentido tradicional de tonalidad queda muy difuso. Si además añadimos el uso de los acordes por cuartas, el resultado es un estilo armónico donde la base es el centro tonal, y sobre cada uno de los doce grados cromáticos tenemos alguna forma armónica relacionada con el mencionado centro tonal.

XVI. LOS ACORDES POR CUARTAS

Tradicionalmente los acordes se forman por terceras superpuestas, aunque otras técnicas pueden ser usadas. Como recurso de orquestación se utilizan estructuras en segundas, "cluster", y en cuartas, entre otras, aunque no por ello los acordes dejan de ser los tradicionales formados por terceras superpuestas.

En estos casos la armonía vigente es la tradicional y las secciones de la orquesta se reparten las distintas notas del acorde o tensiones según objetivo y conveniencia. Ahí la tercera del acorde sigue siendo la tercera, la fundamental la fundamental, etc...

En el concepto de armonía por cuartas el principio es distinto; más que pensar en acordes se debe pensar en escalas y en las posibles estructuras en cuartas que se pueden formar sobre cada uno de los grados de la escala, sin tener en cuenta la función de cada una de las notas que las forman.

Estas estructuras no deben contener las dos notas características de la escala, es decir, se debe evitar el tritono, a fin de obtener intervalos de cuarta justa entre voces adyacentes. Lo más frecuente es utilizar tres voces, aunque estructuras de cuatro o más son también posibles.

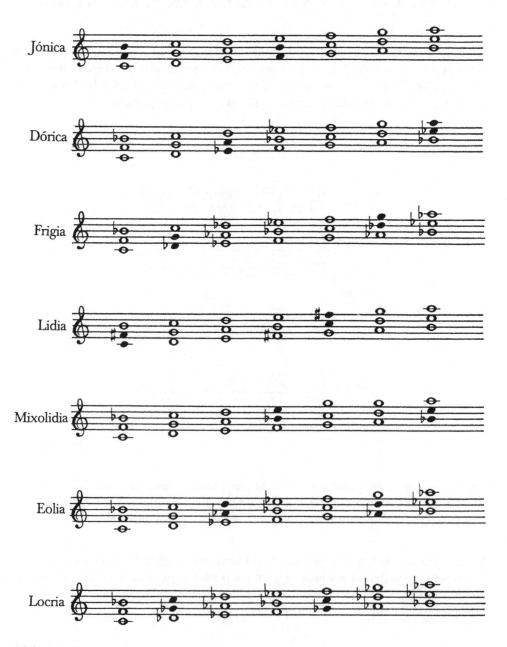

Cuatro voces son posibles en los acordes por cuartas superponiendo otra cuarta justa o una tercera mayor.

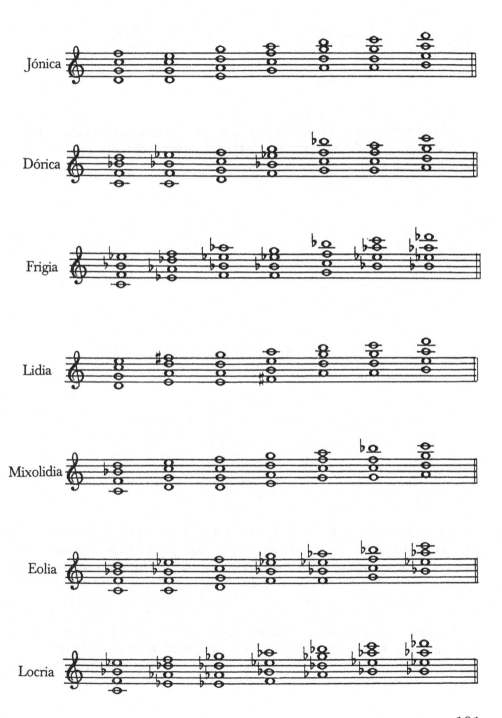

Las inversiones de estas estructuras resultan en "acordes" formados por una cuarta justa y una segunda.

Las inversiones sobre estructuras de cuatro voces resultan muy similares a un acorde tradicional formado por terceras superpuestas con alguna tensión (menor séptima con tensión 11 que omite a la quinta).

Cuando la inversión se produce sobre una estructura de cuatro voces, en la que la cuarta voz se ha añadido a distancia de tercera mayor, el resultado es también cercano a un acorde tradicional (mayor con novena y omitiendo la séptima).

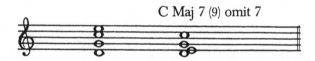

Ya que los intervalos entre voces en estas estructuras son siempre los mismos, no cabe aquí el hablar de especies de acordes, en todo caso podemos señalar que con cuatro voces se pueden producir dos tipos de "acordes": el formado únicamente por cuartas justas y el que contiene un intervalo de tercera mayor encima de los dos de cuarta justa. Las inversiones pues, resultan también iguales: en el primer caso sugieren un acorde menor con séptima y la tensión 11 omitiendo a la quinta, en el segundo el acorde sugerido es uno mayor con novena y la séptima omitida. Quizá por todo esto lo más frecuente sea no usar estas inversiones, ya que en este tipo de armonía lo que más valor tiene no son las notas en sí mismas sino el intervalo que hay entre ellas.

Los cifrados para estos "acordes" no han sído estructurados. Se puede encontrar en algunas partituras, por ejemplo, D dórico, y con ello se da libertad al intérprete para usar cualquiera de las estructuras en cuartas que se forman sobre la mencionada escala, cuando una sonoridad específica se desea el recurso está en escribir nota a nota. Una fórmula que se puede sugerir y que no ofrecería confusión sería la de cifrar con una letra mayúscula que indicase la fundamental sobre la que se debe construir el acorde por cuartas, seguida del número 4. Ya que este número no se utiliza en otros cifrados y que las cuartas deben ser justas, no habría confusión posible.

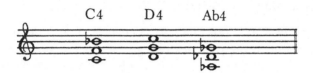

La información dada por el cifrado no sería suficiente sin indicar la fundamental y tipo de escala, ya que una misma estructura puede producirse sobre distintas escalas y además, en el caso de usar una cuarta voz, ésta puede estar a cuarta o tercera mayor, según una escala u otra.

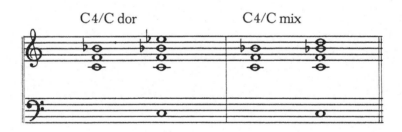

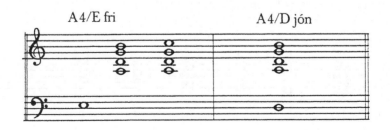

Es decir, ya que un cifrado además de las notas del acorde debe indicar la escala del momento, si sólo se utiliza un "4", quedará claro que hay que situar dos cuartas justas encima de la fundamental indicada, pero dado que esta estructura será común a varias escalas, deberá indicarse la de su formación para evitar confusiones y saber qué escala se puede utilizar en improvisación, por ejemplo, encima del acorde en cuestión.

Los acordes por cuartas son frecuentes en la música actual, sobre todo en jazz, aunque como ya se ha mencionado anteriormente, en muchas ocasiones son solamente disposiciones en cuartas de acordes tradicionales. Donde con mayor frecuencia se pueden encontrar en su verdadero sentido, es en temas modales, precisamente para ayudar con su indefinición a mantener el exótico sonido que normalmente se busca en dichos temas.

Estos acordes mientras que por una parte tienen la ventaja de aportar una nueva sonoridad (relativamente nueva, Schoenberg ya los usaba), por la otra tienen la desventaja de que suenan todos igual, ya que sólo intervalos de cuarta justa se utilizan en su formación, con lo que son acordes de especie única.

Hay que prever, sin embargo, que un desarrollo más profundo de estos acordes, incluyendo el tritono, ampliaría las posibilidades, aunque por ahora y en el marco de la música a la que me refiero esto no ha sido así.

Sobre cualquiera de las escalas modales, utilizando tres voces, se pueden obtener tres especies de acordes por cuartas: el usual por cuartas justas y otros dos que además de una cuarta justa incluyen un tritono, uno entre la fundamental y su voz inmediata superior, y el otro donde el tritono está entre las dos voces encima de la fundamental.

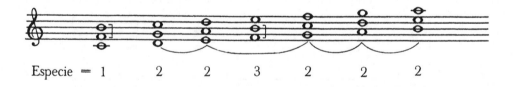

Especie = 1   2   2   3   2   2   2

Con cuatro voces las especies son cuatro, y diferenciadas entre sí según entre las voces en que se forma el tritono.

Especie = 1   2   2   3   4   2   2

El modo mayor no sería, sin duda, el favorito en una música basada en acordes en cuartas; el hecho de que el acorde sobre el primer grado contenga el tritono, no ayudará a su estabilización, y en consecuencia, a hacer que los demás acordes del modo tiendan hacia él. Los modos dórico, frigio, eolio, y locrio, son los que tienen tanto en tríadas como en cuatríadas un acorde por cuartas justas sobre su I grado; estos modos son sin duda los más fáciles de utilizar para este fin.

El modo dórico, por ejemplo, tendrá como acordes diferentes al de tónica, a los que se forman sobre los grados bIII, IV y bVII. Tomando a éstos como características, las cadencias girarán entorno a los enlaces, entre ellos con un objetivo final sobre el I.

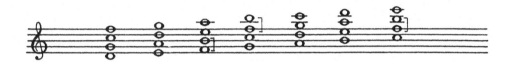

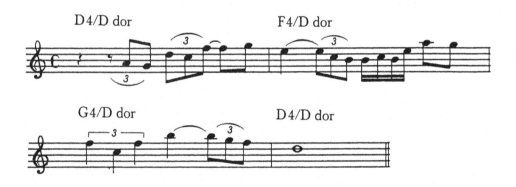

XVII. CLASIFICACION DE LAS ESCALAS

Las escalas se pueden clasificar en naturales y artificiales. Si se consideran naturales a las siete escalas modales, todas las demás estarán en el grupo de las llamadas artificiales.

Las escalas naturales (modales) están formadas por dos tetracordos, de forma que la primera nota del primer tetracordo sea la misma nota que la última del segundo tetracordo.

Por este mismo procedimiento, se podrán obtener las escalas artificiales formadas por tetracordos modales simplemente situando estos tetracordos en distintas combinaciones de como lo están en las escalas naturales. Algunas de las escalas resultantes han recibido denominación en algún método, aunque no siempre el mismo, por lo que aquí sólo se citarán los nombres de las que, en prácticamente todos los métodos, hayan recibido una misma calificación.

17.1   TETRACORDOS MODALES

Existen cuatro tetracordos modales, cuya característica es la distancia entre las notas o grados que los forman. En todos los casos la distancia entre dos grados consecutivos es de tono o semitono, y nunca dos semitonos seguidos.

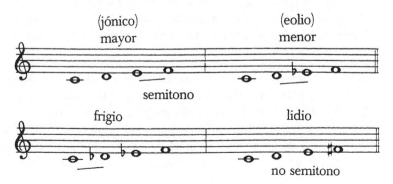

Estos tetracordos reciben el nombre de la escala modal en la que están incluidos como primer tetracordo. Al jónico se le denomina también mayor ya que también a la escala jónica se la denomina mayor, y el tetracordo eolio es llamado menor por la misma razón.

17.2   COMBINACIONES POSIBLES

Con los cuatro tetracordos modales se pueden formar dieciséis escalas, entre las que estarán incluidas las siete modales naturales y nueve escalas artificiales.

primer tetracordo	segundo tetracordo	escala modal
mayor	mayor	mayor (jónica)
	menor	mixolidia
	frigio	
	lidio	
menor	mayor	
	menor	dórica
	frigio	eolia
	lidio	
frigio	mayor	
	menor	
	frigio	frigia
	lidio	locria
lidio	mayor	lidia
	menor	
	frigio	
	lidio	

El desarrollo de las escalas artificiales se lleva a cabo siguiendo el mismo procedimiento que el usado sobre las escalas naturales en el capítulo referente a la armonía modal. Para ello se forman las estructuras tríadas y cuatríadas sobre cada grado, además de los posibles acordes híbridos que la escala permita.

Las funciones tonales de los acordes vienen dadas principalmente por las notas que contienen viéndose claramente cuando más estable es un determinado modo. En el modo mayor, que es el más estable, estas funciones tonales se denominan tónica, subdominante y dominante. En la música llamada modal, y en el desarrollo de los modos artificiales estas denominaciones no se utilizan para no crear confusión.

198

La denominación usada aquí es la de acordes cadenciales de primer o de segundo grado, manteniendo el nombre de tónica para el grupo de acordes estables. Los acordes cadenciales de primer grado en el modo mayor serían los denominados de dominante, y de segundo grado los de subdominante. Cadenciales de primer grado lo serán en general, aquellos acordes que contengan las notas características del modo, y de segundo grado los que sólo contengan una. Esto no será siempre riguroso y en algunos modos el criterio para la clasificación deberá hacerse con otras bases.

La posible estabilización de un modo vendrá dada por diversos factores entre los que cabe destacar, el que contenga los grados tonales, la calidad de sus acordes cadenciales, y que sobre el primer grado pueda formarse un acorde perfecto mayor o menor.

Debe tomarse en consideración, además, que la estabilidad de un modo artificial casi siempre resultará difícil, debido a que nuestro oído tiene asumido el modo mayor, bien por considerar algunos teóricos que es el más estable acústicamente, o bien, según otros, por el uso continuado que de él se ha hecho en la música. Este fenómeno ya se producía en las escalas modales naturales donde se evitaban todos los movimientos armónicos que pudieran hacer que el oído los relacionara con el modo mayor relativo.

17.3   LAS ESCALAS NATURALES

17.3.1   Escala jónica o mayor

Está formada por dos tetracordes mayores.

17.3.2   Escala dórica

Está formada por dos tetracordes menores.

17.3.3 Escala frigia

Está formada por dos tetracordos frigios.

17.3.4 Escala lidia

Está formada por un tetracordo lidio, seguido por uno mayor.

17.3.5 Escala mixolidia

Está formada por un tetracordo mayor seguido de uno menor.

17.3.6 Escala eolia

Está formada por un tetracordo menor y uno frigio.

17.3.7 Escala locria

Está formada por un tetracordo frigio seguido de uno lidio.

Todas estas escalas han sido tratadas como modo en el capítulo correspondiente a la armonía modal.

17.4 LAS ESCALAS ARTIFICIALES

17.4.1 **El modo mayor-frigio**

La escala resultante de la combinación de un tetracordo mayor seguido de uno frigio es:

Esta escala se usa a menudo sobre los acordes de dominante (b13), pero no debe confundirse una relación escala-acorde, con una escala fuente de una determinada modalidad. Al igual que, por ejemplo, la escala dórica se usa sobre muchos acordes menores con séptima menor, esta escala también es la fuente para la construcción del modo dórico.

17.4.1.1 Estructuras tríadas

17.4.1.2 Estructuras cuatríadas

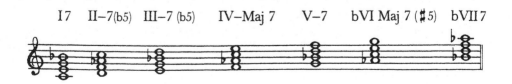

17.4.1.3 Acordes característicos

Las notas características para este "modo" son la 2 y la b6; los acordes que contienen estas notas serán los considerados cadenciales de primer grado y son, II–7(b5), bVII7, IIdis, y de segundo grado los que contienen el grado bVI, y son el IV–, IV–Maj7, bVI+, y bVIMaj7(♯5). Como tónica se podrán usar sobre todo los acordes formados sobre el I grado y sobre el V.

17.4.1.4 Acordes híbridos

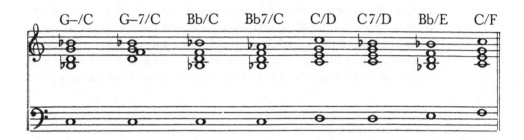

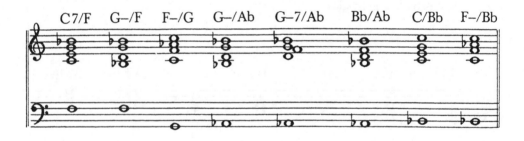

Para la formación de los acordes híbridos se han seguido las pautas descritas en el capítulo correspondiente.[1] Se citan aquí los híbridos posibles sobre la escala-modo, y se incluyen los acordes incompletos aun cuando contengan el intervalo b9, o b6 con la fundamental, ya que estos hechos, aunque desaconsejan su utilización, no son excluyentes, y el criterio de cada uno será el que finalmente pueda hacer desechar alguno de estos híbridos.

---

[1] Véase Cap. XIII.

17.4.2 El modo mayor-lidio

Esta combinación de tetracordos da como resultado una escala muy cercana a la llamada escala tonal; la única diferencia está en que ésta incluye un grado más, el IV; el hecho de que este grado se encuentre a semitono de su grado anterior y posterior, hace que ésta pueda ser oída como nota cromática de paso en muchas situaciones, imponiéndose entonces el sonido de la escala tonal.

17.4.2.1 Estructuras tríadas

17.4.2.2 Estructuras cuatríadas

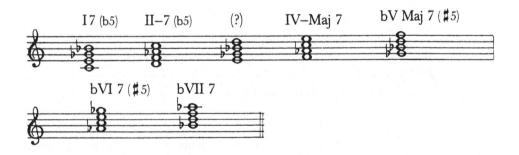

17.4.2.3 Acordes característicos

Este modo no contiene uno de los grados tonales, el V, lo que produce que la estabilidad del mismo y el sentido cadencial de sus acordes sea más que dudoso.

El tritono característico de un modo se produce aquí por triplicado entre los grados (1 y b5), (2 y b6) y entre (3, b7). Todos los acordes cuatríadas contienen un tritono, y el posible acorde de tónica tiene un intervalo de quinta disminuida con su fundamental; estos factores hacen que este modo sea casi impracticable.

Quizá la nota más característica sea el IV grado, ya que es el único que no crea tritono con otra nota de la escala. Bajo esta consideración los acordes cadenciales serían el II, el IV y el bVII, usando con preferencia el IV tríada, para evitar incluir el III grado en el acorde y reservarlo para el acorde de tónica. En cualquier caso, la sonoridad de este modo resultará "inquietante". Sobre el tercer grado no es posible formar un acorde con el método tradicional, ya que no aparece la tercera mayor o menor característica de un acorde; esta estructura podría catalogarse como un híbrido o como un fragmento, aunque el oído tenderá a buscar la fundamental sobre otra nota del acorde.

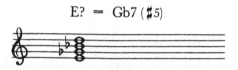

E? = Gb7 (♯5)

17.4.3 El modo menor-mayor

Esta combinación de tetracordos da como resultado la escala menor melódica ya estudiada anteriormente.[2]

17.4.4 El modo menor-lidio

Esta escala es denominada frecuentemente dórica alterada; se usa sobre algunos acordes menores con séptima menor y quinta disminuida.

Al tratarla como escala fuente de un modo, tiene el inconveniente de no contener uno de los grados tonales, el V que es (b5).

[2] Cap. XIX. Teoría musical y armonía moderna. Vol. I.

17.4.4.1 Estructuras tríadas

17.4.4.2 Estructuras cuatríadas

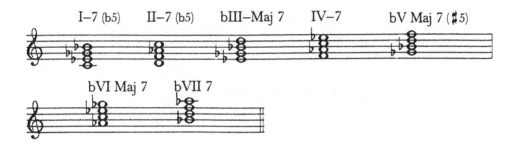

17.4.4.3 Acordes característicos

Este modo contiene dos tritonos, formados entre los grados I y bV y entre el II y el bVI. Las notas características deben ser las que forman el segundo tritono ya que el primero está formado sobre la tónica; este hecho hace que el acorde de tónica (I) contenga un intervalo disminuido con lo que la estabilidad del modo será difícil de mantener.

Los acordes cadenciales de primer grado serán el II disminuido, II–7 (b5) y el bVII7, cadenciales de segundo grado el IV–, bVI, bVII, IV–7, bVI7, y finalmente de tónica el I disminuido, I–7 (b5), bIII, y bIII Maj 7.

Los acordes que contienen una de las notas características pero que además contienen el grado bV, no son usados como cadenciales, ya que una manera de intentar estabilizar este modo, podría ser la de reservar este grado (nota) para el acorde con la pretendida función de tónica.

17.4.5 El modo frigio-mayor

La combinación de estos dos tetracordos da la siguiente escala:

El nombre de este modo puede dar lugar a confusión ya que la denominación de frigio-mayor la emplean algunos métodos y músicos para
definir una escala usual en la música flamenca. Dicha escala es básicamente una frigia natural con la salvedad de que el primer tetracordo
se alterna con uno mayor.

17.4.5.1 Estructuras tríadas

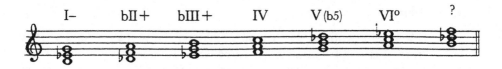

17.4.5.2 Estructuras cuatríadas

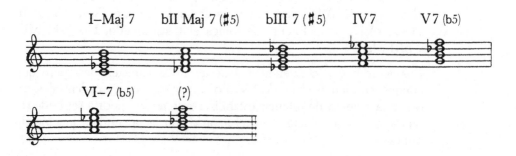

Este modo contiene tres tritonos. Aunque el más característico es el formado entre los grados IV y VII, los acordes cadenciales de primer grado son el V(b5), V7(b5) y el acorde formado sobre el séptimo grado de la escala; este acorde no tiene tercera sobre su fundamental, por lo que otra nota tenderá a tomar el papel de ésta, esta estructura sonará como bII7(♯5). Los acordes cadenciales de segundo grado son el IV, bII +, bIIMaj7 (♯5) y el IV7, y como tónica se podrán usar el I–Maj7, I– y el VI–7 (b5), que coincide en notas con el I–6.

Este modo será algo más fácil de estabilizar ya que contiene un acorde de tónica perfecto menor, y los acordes cadenciales de primer grado contienen un tritono que incluye la sensible.

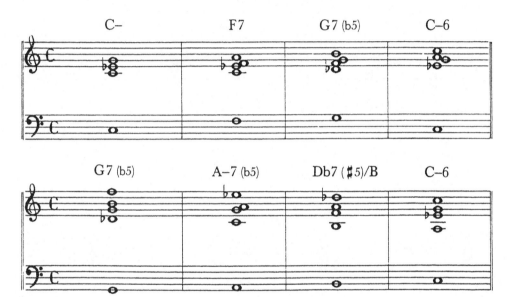

17.4.5.4 Acordes híbridos

Las mejores posibilidades usando este tipo de estructuras son:

17.4.6   **El modo frigio-menor**

La escala resultante de esta combinación de tetracordos es:

17.4.6.1   Estructuras tríadas

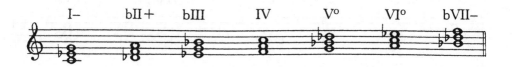

17.4.6.2   Estructuras cuatríadas

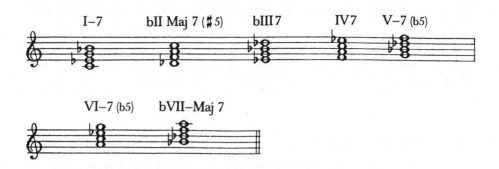

17.4.6.3   Acordes característicos

En este modo pueden funcionar como tónica los acordes I– y I–7, como acordes cadenciales de primer grado el bII+, bIIMaj7 (♯ 5), bVII-Maj7, y el bVII; como cadenciales de segundo grado los acordes IV, IV7, VI disminuido, y VI–7 (b5).

17.4.6.4   Acordes híbridos

Los principales acordes híbridos de este modo son:

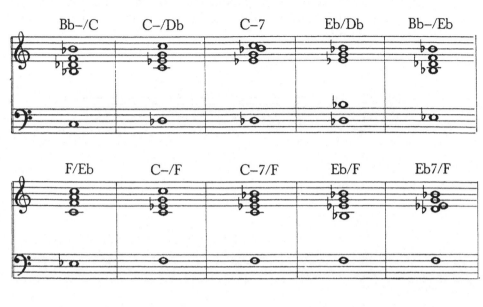

17.4.6.5   Ejemplo:

Este es un tema de ocho compases creado usando como base la escala frigia-menor.

17.4.7 El modo lidio-menor

La combinación de estos dos tetracordos da una escala que muchos músicos califican como lidia b7; se emplea sobre todo con los acordes de dominante substitutos, y junto con la mixolidia y la alterada forman el grupo de las tres principales escalas de improvisación sobre estructuras de dominante.

17.4.7.1 Estructuras tríadas

17.4.7.2 Estructuras cuatríadas

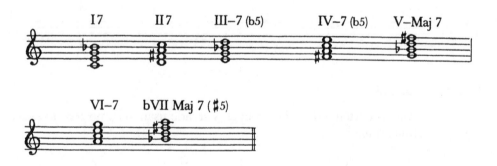

17.4.7.3 Acordes característicos

Este modo contiene dos tritonos, y ninguno de ellos tiene la sensible. Además en los dos casos se forman sobre notas del acorde de tónica (I, ♯ IV) y (III,bVII). Para conseguir una cierta estabilidad se usa preferentemente como acorde de tónica el I o el V– con la tónica en el bajo, en forma de híbrido (V–/I).

Es difícil en este modo diferenciar los acordes cadenciales de primer grado de los de segundo. Al margen de los tritonos una nota muy característica del modo es la ♯IV, así que exceptuando el acorde del VI grado, y el de tónica, los demás se pueden considerar en mayor o menor grado cadenciales.

17.4.7.4   Acordes híbridos

Este modo ofrece muchas posibilidades de acordes incompletos.

17.4.7.5   Ejemplo:

Motivo compuesto usando la escala lidia-menor.

etc.

17.4.8   **El modo lidio-frigio**

La escala resultante de esta combinación de tetracordos es:

17.4.8.1 Estructuras tríadas

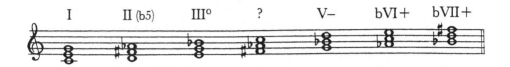

17.4.8.2 Estructuras cuatríadas

17.4.8.3 Acordes característicos

Excepto el V grado, todos los demás forman un tritono con otro grado de la escala, y precisamente este grado se encuentra a semitono de su superior y de su inferior, con lo que puede frecuentemente oírse como nota de aproximación cromática. Este modo será, pues, de difícil estabilización.

Como acordes de tónica se podrán usar los formados sobre los grados I y III, tanto en tríadas como en cuatríadas, como cadenciales, en preferencia el II y el V, aun cuando, en este caso el sentido cadencial será más que dudoso.

17.4.9 El modo lidio-lidio

La combinación de estos dos tetracordos da como resultado la escala siguiente:

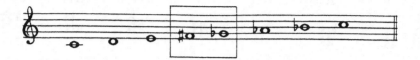

En esta escala el IV y V grados son enarmónicos, por lo que la escala se representa de estas dos maneras:

A esta escala se la denomina tonal ya que la distancia entre grados adyacentes es siempre de tono.

17.4.9.1 Estructuras tríadas

17.4.9.2 Estructuras cuatríadas

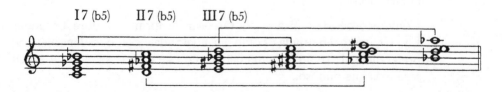

17.4.9.3 Acordes característicos

Se podría decir que esta escala es redonda, ya que al no haber semitonos entre los distintos grados que la forman, se podrá empezar una escala sobre cualquiera de sus grados consiguiendo el mismo resultado.

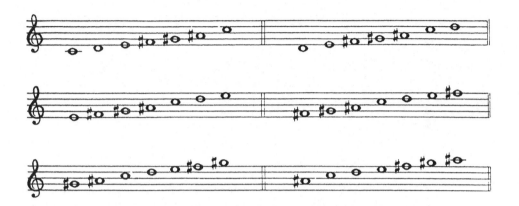

No sucede aquí lo que en los otros modos que son practicables en los doce tonos, ya que al coincidir seis escalas, una sobre cada grado, sólo habrán dos escalas tonales diferentes.

Los acordes tríadas que se forman sobre esta escala en realidad sólo son dos, ya que el resto no será más que una inversión de uno de los dos anteriores. En los cuatríadas sucede algo similar si se emplean estructuras de dominante con quinta disminuida, ya que éstas coinciden de dos en dos.

Será difícil la estabilización de un modo en el que cada grado reúna las mismas condiciones que los demás; esto en este caso no significa que no se pueda utilizar, ya que esta particularidad puede usarse para crear efectos atonales.

17.5   EL TETRACORDO ARMONICO

Este tetracordo fue creado para conseguir que la escala eolia (menor natural) pudiera tener una estructura de dominante sobre su V grado.

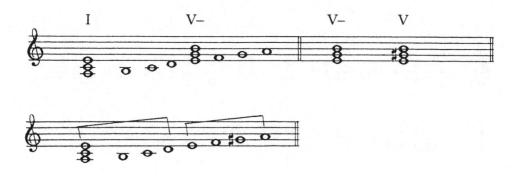

La alteración del VII grado de esta escala alteró su segundo tetracordo, dando lugar al denominado tetracordo armónico, llamado así igual que a la escala resultante, porque su finalidad fue armónica.

La principal característica de este nuevo tetracordo está en el intervalo de segunda aumenta existente entre su segundo y tercer grado.

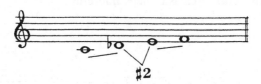

La combinación de este tetracordo junto con los cuatro modales ya estudiados dará un total de nueve nuevos modos.

primer tetracordo	segundo tetracordo	escala
armónico	mayor menor frigio lidio	
mayor menor frigio lidio	armónico	menor armónica

17.5.1 El modo armónico-mayor

La combinación de estos tetracordos dará la siguiente escala:

17.5.1.1 Estructuras tríadas

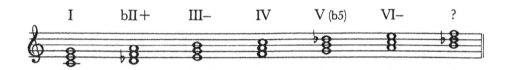

17.5.1.2 Estructuras cuatríadas

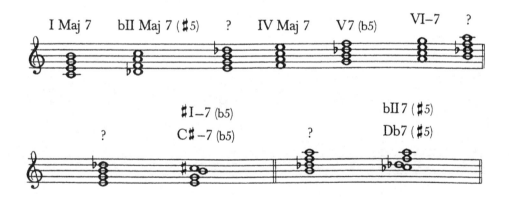

17.5.1.3 Acordes característicos

Este modo contiene dos tritonos que se forman entre los grados bII y V y entre el IV y el VII; este segundo tritono es el que en mayor medida ayuda a estabilizar un determinado modo, por su resolución, al tender el VII grado hacia la tónica, y el IV hacia la tercera del acorde de tónica. Pero además el otro tritono contiene una sensible superior (bII), con lo que este modo podrá ser estabilizado con cierta facilidad.

217

Pueden usarse como acordes de tónica el I, IMaj7, III–, VI–, y VI–7 como cadenciales de primer grado el V7(b5), y el bII7(# 5), y finalmente como acordes cadenciales de segundo grado el bIIMaj7 (# 5), el IV y IVMaj7.

17.5.1.4   Acordes híbridos

Se citan aquí como en casos anteriores todas las posibilidades reales de estas estructuras en este modo, aunque en algunos casos la sonoridad resultante puede ser bastante dura, sobre todo cuando se crea un intervalo de b9 entre la fundamental del acorde y la superestructura del mismo.

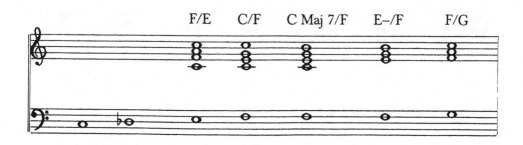

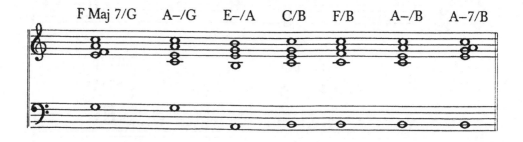

17.5.2   **El modo armónico-menor**

La combinación de estos dos tetracordos da la escala siguiente:

Esta escala se usa frecuentemente sobre los acordes de dominante con novena alterada, normalmente en este caso se utiliza con un grado añadido.

17.5.2.1 Estructuras tríadas

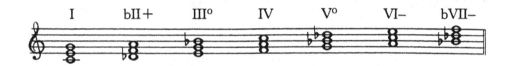

17.5.2.2 Estructuras cuatríadas

17.5.2.3 Acordes característicos

Este modo no tiene sensible, y se producen tritonos entre los grados bII y V, y entre III y bVII. La nota más característica será la sensible superior bII, y por tanto el tritono que forma con el V grado el más característico cadencial.

Se pueden usar como tónica los acordes I, y I7; como cadenciales de primer grado los acordes V–7 (b5), y bVII–, que contienen los grados bII y IV; y como cadenciales de segundo grado el IV, IVMaj7, VI, VI–7, en preferencia. A pesar de tener una sensible superior la estabilización del modo no será fácil; la resolución del acorde disminuido sobre el tercer grado resulta pobre pues sólo resuelve esta sensible siendo todas las demás notas comunes a ambos acordes; la mejor resolución se consigue al mover el V–7 (b5) o el bVII– hacia tónica al resolver la sensible superior sobre tónica y la séptima del acorde sobre la tercera del acorde de tónica.

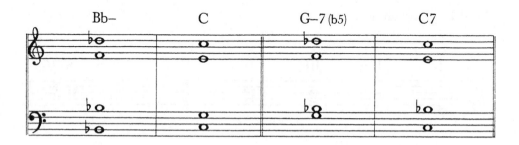

17.5.2.4 Acordes híbridos

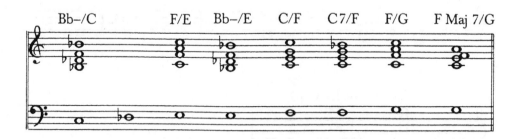

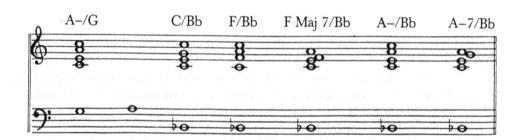

17.5.3 El modo armónico-frigio

La combinación de estos dos tetracordos da como resultado la siguiente escala.

Esta escala se usa sobre los dominantes (b9, b13), y en este caso se acostumbra a añadir un grado más a la escala.

17.5.3.1 Estructuras tríadas

17.5.3.2 Estructuras cuatríadas

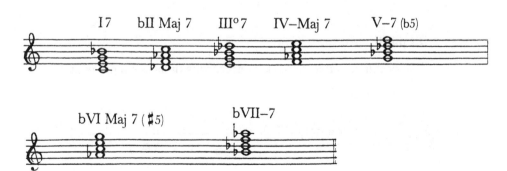

17.5.3.3 Acordes característicos

Este modo contiene dos tritonos, uno entre los grados bII y V y otro entre el III y el bVII; el grado bII se considera una sensible superior por lo que el tritono característico será el primero.

Como tónica se pueden usar el I, y el 17; como acordes cadenciales de primer grado los que contengan la sensible superior y el IV grado, o sea bII, bIIIMaj7, V–7 (b5), bVII–, y bVII–7, y como cadenciales de segundo grado básicamente el IV– y el IV–Maj7.

17.5.3.4 Acordes híbridos

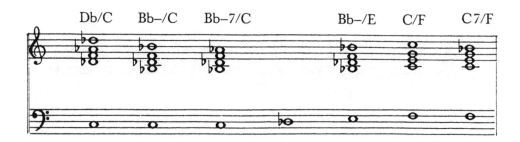

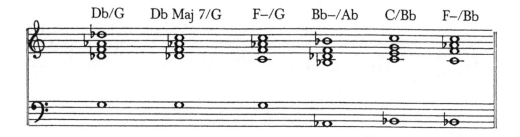

17.5.4 **El modo armónico-lidio**

La combinación de estos dos tetracordos da la siguiente escala.

17.5.4.1   Estructuras tríadas

17.5.4.2   Estructuras cuatríadas

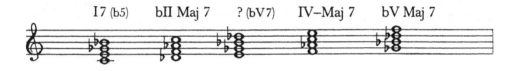

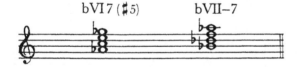

17.5.4.3   Acordes característicos

Este modo no contiene uno de los grados tonales; al tener bV, esto hace que el acorde de tónica sea de quinta disminuida, con lo que la posible estabilidad del modo será difícil de conseguir. El grado bII actúa como sensible superior, y los acordes que contengan este grado y el IV seran los considerados cadenciales de primer grado, bIIMaj7, bVMaj7, bVII−7, bII, y bVII−. Como cadencial de segundo grado en preferencia el IV−.

223

17.5.4.4   Acordes híbridos

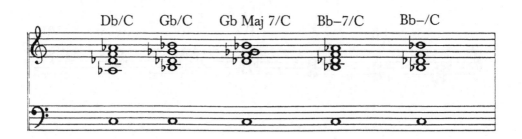

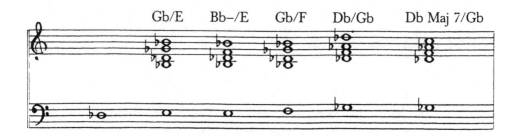

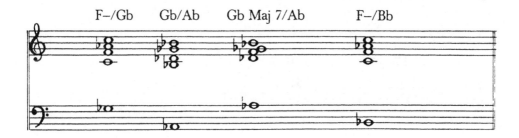

17.5.5   **El modo armónico-armónico**

La combinación de estos dos tetracordos da la siguiente escala.

En algunos métodos esta escala recibe la denominación de Arabe.

17.5.5.1 Estructuras tríadas

17.5.5.2 Estructuras cuatríadas

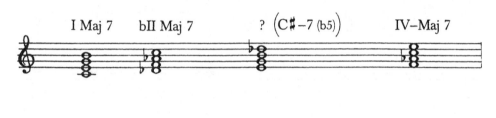

17.5.5.3 Acordes característicos

Este modo está caracterizado por los dos intervalos de segunda aumentada que se encuentran entre los grados bII y III, y entre el bVI y el VII; contiene, además, dos sensibles (VII y bII), una inferior y otra superior, además de los grados tonales; todo esto hace que sea un modo que se pueda estabilizar con cierta facilidad.

Como acordes de tónica se usan I, III–, y IMaj7, como acorde cadencial de primer grado el V7 (b5); también la estructura que se forma sobre el VII grado, que puede cifrarse como bII7, puede usarse con esta función. Como cadenciales de segundo grado tendremos los acordes bII, bIIMaj7, IV–, IV–Maj7.

225

17.5.5.4 Acordes híbridos

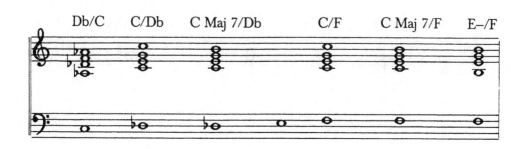

17.5.6 El modo mayor-armónico

Esta combinación de tetracordos resulta en la siguiente escala.

A esta escala se la denomina generalmente mayor mixta.

17.5.6.1 Estructuras tríadas

17.5.6.2 Estructuras cuatríadas

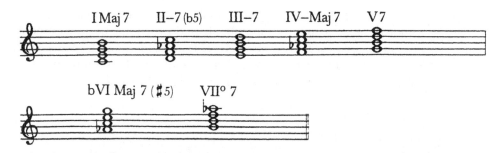

17.5.6.3 Acordes característicos

Este modo sólo difiere del modo mayor o jónico, en el grado VI, que aquí es bVI. Esto hace que la sonoridad de este modo sea muy similar a la de un modo mayor en el que se utilicen acordes de subdominante menor como intercambio modal.

Los acordes que se forman sobre los grados I y III, tanto en tríadas como en cuatríadas, son los usados como tónica; como cadenciales de primer grado V, V7, y VIIdis7, y como cadenciales de segundo grado los acordes II–7 (b5), IV–, IV–Maj7.

Este modo será fácilmente estabilizable, pero por otro lado su sonoridad no aportará nada nuevo, ya que como se ha mencionado antes tenderá a sonar al modo mayor con intercambio modal.

17.5.6.4 Acordes híbridos

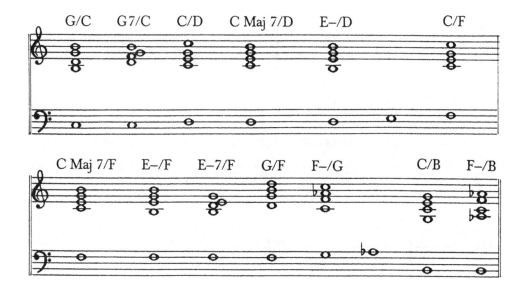

17.5.7 El modo menor-armónico

Estos dos tetracordos dan como resultado la escala menor armónica, estudiada en el capítulo referente al modo menor. Fue precisamente para crear esta escala que se alteró el segundo tetracordo de la escala eolía (tetracordo frigio), elevando su segundo grado, séptimo de la escala, en un semitono; esto dio lugar al llamado tetracordo armónico.

17.5.8 El modo frigio-armónico

La combinación de estos dos tetracordos da la siguiente escala.

17.5.8.1 Estructuras tríadas

17.5.8.2 Estructuras cuatríadas

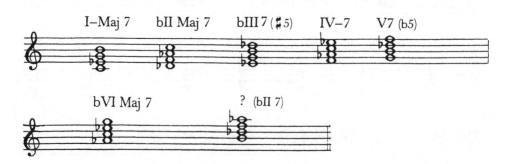

17.5.8.3 Acordes característicos

Este modo contiene también dos sensibles, superior e inferior, además de los grados tonales, con lo que su estabilización no deberá ser demasiado difícil. Los acordes de tónica son I–, y I–Maj7 los cadenciales de primer grado, el V7(b5) y la estructura sobre el VII que puede cifrarse como bII7, y como cadenciales de segundo grado bIIMaj7, bII, IV–, IV–7, bVI, y bVIMaj7.

Este modo tiene cierta similitud con el armónico-armónico pero con tónica menor, ya que los acordes cadenciales son prácticamente los mismos en ambos modos.

17.5.8.4 Acordes híbridos

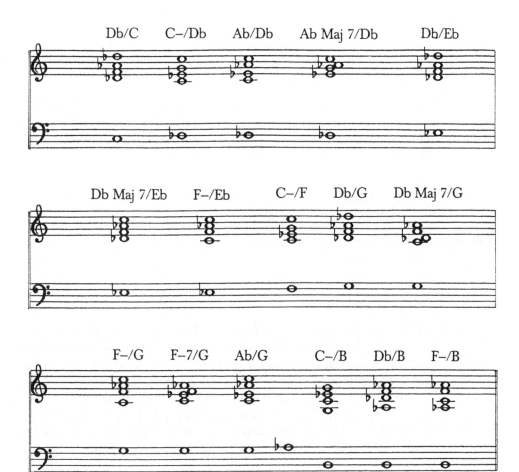

17.5.9 El modo lidio-armónico

La combinación de estos tetracordos da la siguiente escala:

17.5.9.1 Estructuras tríadas

17.5.9.2 Estructuras cuatríadas

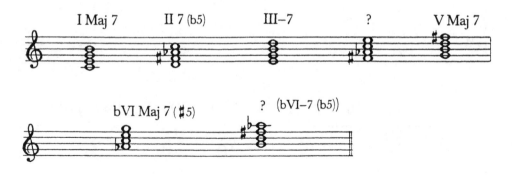

17.5.9.3 Acordes característicos

Este modo no contiene uno de los grados tonales, ya que tiene el IV aumentado, lo que hará difícil su estabilización. Las notas características (♯4) y (b6) están incluidas en el II7(b5) y en la estructura sobre el VII grado que puede cifrarse como bVI–7(b5); sobre el grado ♯ IV también se forma una estructura que las contiene, a ésta se la podría cifrar como bVI7(♯5); los acordes VMaj7, VII– y bVIMaj7(♯5), contienen una de las notas características, y como tónica se pueden usar el III– y el III–7 además de los acordes que se forman sobre el primer grado.

230

17.5.9.4 Acordes híbridos

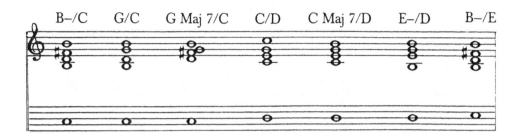

17.6 OTRAS ESCALAS ARTIFICIALES

Hasta aquí se han citado las escalas que se pueden formar con las combinaciones de los tetracordos modales, junto con el tonal y el armónico.

La característica del tetracordo armónico es el intervalo de segunda aumentada que existe entre sus grados II y III; si éste se desplaza se obtienen un segundo y un tercer tetracordo armónico.

Las combinaciones de estos tetracordos entre sí o junto con los citados anteriormente producirá una nueva serie de escalas artificiales, en general poco explotadas. Entre éstas cabe citar la denominada Húngara o Zíngara, formada por armónico 2 - armónico

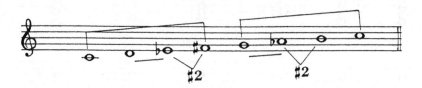

Y la denominada Oriental, formada por armónico - armónico 3

El intervalo de segunda aumentada influye de una forma definitiva en la sonoridad de una escala que lo incluye, con lo que el camino para encontrar nuevas formas de ordenar los sonidos sin utilizar ninguno de estos tetracordos, debe tomar otra dirección, ya que las combinaciones de tetracordos modales ya han sido detalladas.

Una fórmula frecuente es la de crear escalas de menos de siete sonidos; el caso más típico es la escala que prescinde de los dos grados que forman el tritono, aunque son muchísimas las posibilidades de escalas con cinco notas.

XVIII. LAS ESCALAS PENTATONICAS

Estas escalas, como su nombre indica, están formadas por cinco sonidos. Al agrupar los cinco sonidos de un total de doce de los que disponemos en la música occidental, darán como resultado un gran número de combinaciones, que en una forma de clasificación denominaremos pentatónicas naturales y pentatónicas artificiales, según su formación provenga de un modo natural o de una escala artificial.

18.1   PENTATONICAS NATURALES

Estas escalas están derivadas de los modos jónico, dórico, frigio, mixolidio, lidio, eolio, y locrio.

Las posibles combinaciones de cinco elementos sobre un total de siete de que se componen estos modos son quince.

1,2,3,4,5
1,2,3,4,6
1,2,3,4,7
1,2,3,5,6
1,2,3,5,7
1,2,3,6,7
1,2,4,5,6
1,2,4,5,7
1,2,4,6,7
1,2,5,6,7
1,3,4,5,6
1,3,4,5,7
1,3,4,6,7
1,3,5,6,7
1,4,5,6,7

Las combinaciones que no contienen el 1 no se utilizan ya que toda escala necesita un centro tonal sobre el que se basa toda su estructura; por ejemplo, si se usara la combinación 2,3,4,5,7 lo que en realidad se conseguiría sería 1,2,3,4,6.

De las quince posibles combinaciones antes indicadas las escalas pentatónicas más usuales son las que no contienen la omisión de dos grados consecutivos ni tienen un grado aislado, o sea ningún grado se encuentra entre dos omitidos.

1,2,3,4,5	dos grados consecutivos omitidos (6,7)
1,2,3,4,6	el 6 aislado (5,7 omitidos)
1,2,3,4,7	dos grados consecutivos omitidos (5,6)
1,2,3,5,6	
1,2,3,5,7	el 5 aislado (4,6 omitidos)
1,2,3,6,7	dos grados consecutivos omitidos (4,5)
1,2,4,5,6	
1,2,4,5,7	
1,2,4,6,7	el 4 aislado (3,5 omitidos)
1,2,5,6,7	dos grados consecutivos omitidos (3,4)
1,3,4,5,6	el 1 aislado (7,2 omitidos)
1,3,4,5,7	
1,3,4,6,7	
1,3,5,6,7	el 3 aislado (2,4 omitidos)
1,4,5,6,7	dos grados consecutivos omitidos (2,3)

Las cinco combinaciones que no contienen ninguna de las razones excluyentes son:

a) 1,2,3,5,6
b) 1,2,4,5,6
c) 1,2,4,5,7
d) 1,3,4,5,7
e) 1,3,4,6,7

El hecho de excluir las otras combinaciones no implica que estas no puedan usarse para crear escalas pentatónicas, sólo que las aquí escogidas son las más usuales.

Las cinco combinaciones elegidas aplicadas a los siete modos dan los siguientes resultados.

18.1.1 Modo jónico

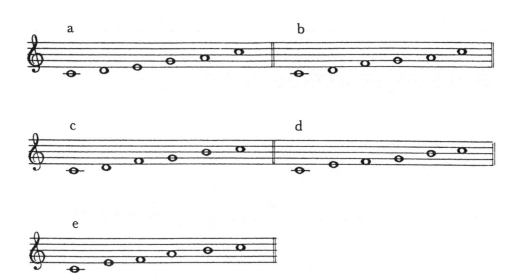

18.1.2 Modo dórico

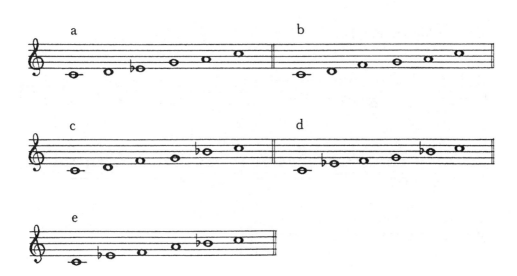

18.1.3 Modo frigio

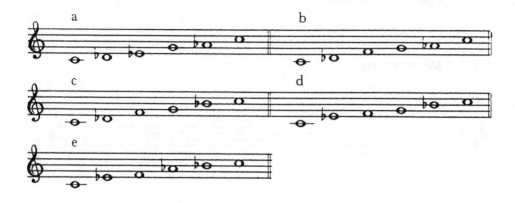

18.1.4 Modo lidio

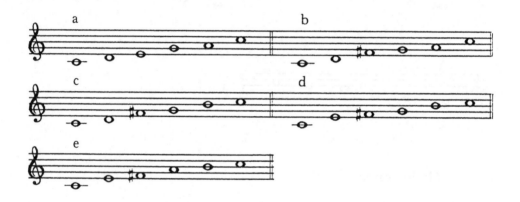

18.1.5 Modo mixolidio

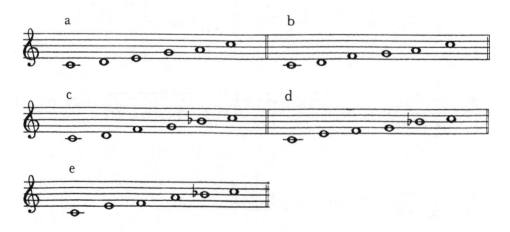

18.1.6 Modo eolio

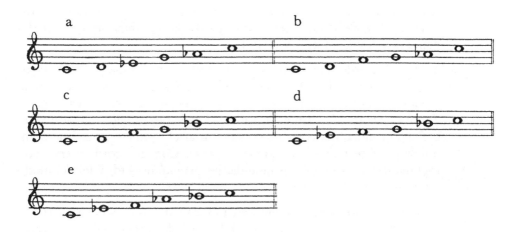

18.1.7 Modo locrio

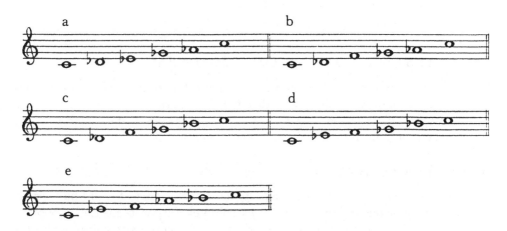

18.2 NOMBRES DE LAS ESCALAS PENTATONICAS

En general las escalas pentatónicas no tienen un nombre específico, aunque el hecho de que algunas de ellas sean comunes en varios modos, como por ejemplo la (a) es igual en los tres modos mayores, jónico, lidio y mixolidio, y la (d) es común a los tres modos menores, dórico, frigio, y eolio, hace que se las denominen como pentatónica mayor y pentatónica menor respectivamente. Otras escalas como la (c) locria y la (a) frigia son escalas japonesas llamadas Hira-joshi la primera y Pelog la segunda. El resto no tiene un nombre específico y a veces se puede oír la referencia a alguna de ellas como la pentatónica usada en una determinada obra.

18.3 USOS DE LAS ESCALAS PENTATONICAS

Estas escalas son un recurso en composición e improvisación sobre cualquier especie de acorde, siendo las más usadas las anteriormente citadas como pentatónica mayor y menor.

Sobre un acorde mayor tríada o cuatríada con séptima o sexta mayor se podrá usar preferentemente la pentatónica mayor. Sobre un tríada menor o cuatríada menor con séptima menor, la pentatónica menor. Sobre un acorde de dominante, además de la pentatónica mayor que no define la calidad del acorde se pueden usar el resto de pentatónicas mixolidias, sobre todo si el acorde es (sus4). Con un acorde menor con séptima menor y quinta disminuida, las pentatónicas (d) y (e) del modo locrio son las más usuales.

La utilización de las pentatónicas en esta manera no es en sí un recurso original, ya que el resultado es el de la escala correspondiente al acorde evitando dos de sus notas. En cambio, el uso de alguna de estas escalas como base, sí puede dar lugar a una sonoridad tonal distinta a las creadas por los modos tradicionales.

18.4 LAS PENTATONICAS COMO ESCALA BASE

Sobre una escala pentatónica se puede desarrollar una armonía diatónica, aunque el sistema tradicional de superponer terceras sobre cada grado de la escala a fin de obtener los correspondientes acordes tríadas y cuatríadas no será aquí un recurso siempre eficaz.

18.4.1 **Pentatónica mayor**

El sistema tradicional de superponer terceras sobre los distintos grados únicamente es válido sobre el I y sobre el VI, por lo que deben buscarse otros recursos para la formación de acordes, como por ejemplo: híbridos o el sistema por cuartas.

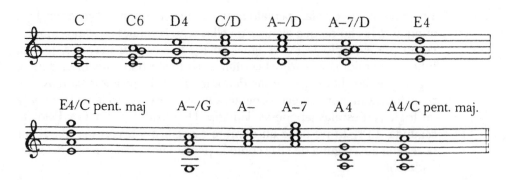

Otra posible forma de agrupar sonidos en una escala pentatónica es la de añadir los sonidos a segunda y cuarta de la fundamental, asumiendo la quinta justa del acorde.

La sonoridad de una progresión armónica basada en estas armonías no dará como resultado las tradicionales funciones tonales, ya que éstas vienen dadas por la inclusión en los acordes de las llamadas notas características de la escala, cosa que aquí no sucede ya que no existen semitonos entre grados de la escala. Así, la mayor o menor estabilidad o tendencia de un determinado acorde o estructura, vendrá dada más por su colocación rítmica en la frase que por los sonidos que contiene.

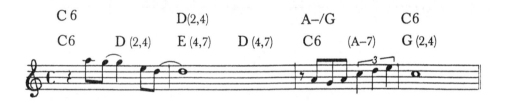

18.4.2 Pentatónica menor

Con esta escala sucede lo mismo que con la pentatónica mayor; en ambas los recursos tradicionales para la formación de acordes resultan insuficientes, por lo que se recurre, además, a los acordes híbridos y a los formados por cuartas u otras estructuras.

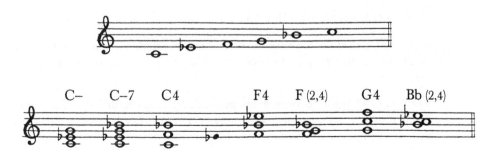

18.4.3 Otras pentatónicas naturales

Un desarrollo armónico de las treinta y cinco escalas pentatónicas formadas sobre los siete modos naturales, puede hacerse siguiendo el procedimiento descrito anteriormente sobre las pentatónicas mayor y menor. Por este medio se pueden obtener cinco tonalidades incompletas sobre cada uno de los modos, con lo que el compositor encontrará una fuente de recursos muy grande y no muy explotada. Como ejemplo, se ha escogido aquí la pentatónica (b) del modo frigio que es usada en música japonesa.

Los principales recursos armónicos aparecen en esta escala como acordes (2,4), también llamados fragmentos. Estas estructuras asumen normalmente la quinta justa si ésta es diatónica.

* Tomados del modo frigio c

18.5 PENTATONICAS ARTIFICIALES

Sobre cada uno de los modos artificiales se pueden crear cinco escalas pentatónicas por el mismo procedimiento que el utilizado sobre las escalas naturales.

Entre el gran número de escalas pentatónicas resultante, algunas coincidirán en diferentes modos; esto sucede cuando las notas omitidas son precisamente las características de los mismos.

18.5.1 Modo mayor-frigio

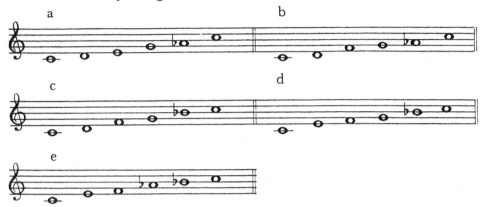

18.5.2 Modo mayor-lidio

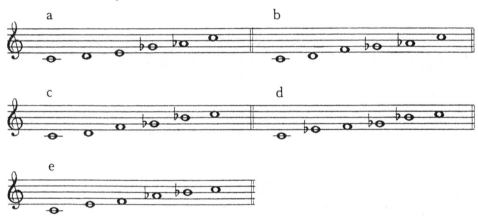

18.5.3 Modo mayor-menor

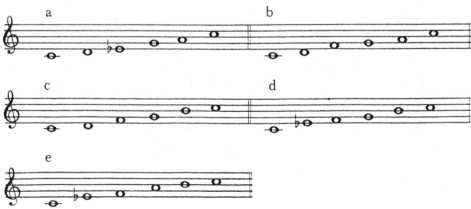

18.5.4 Modo menor-lidio

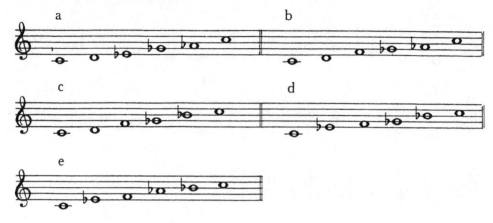

18.5.5 Modo frigio-mayor

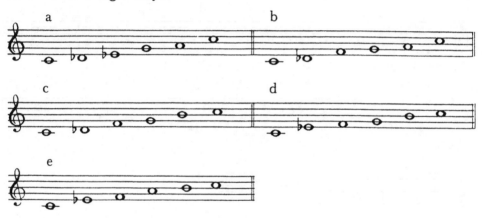

18.5.6 Modo frigio-menor

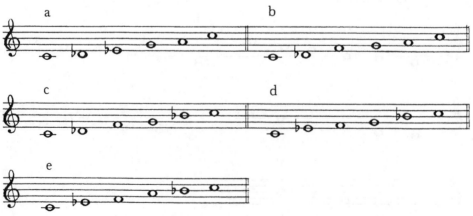

18.5.7 Modo lidio-menor

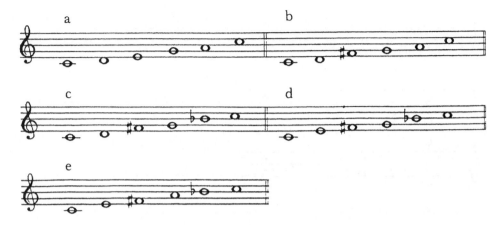

18.5.8 Modo lidio-frigio

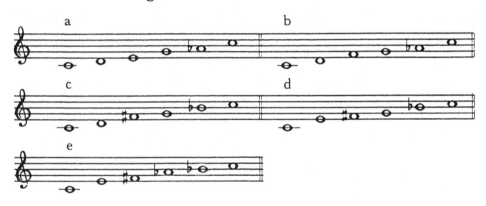

18.5.9 Modo lidio-lidio

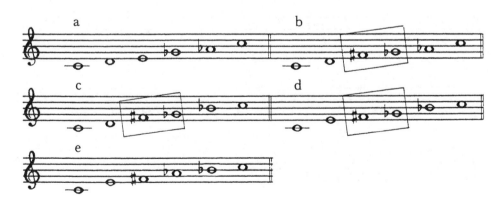

18.5.10 **Modo armónico-mayor**

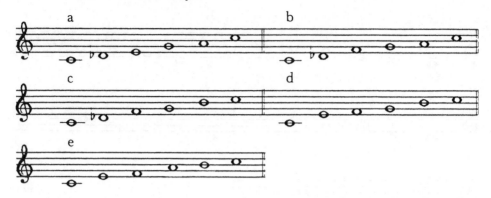

18.5.11 **Modo armónico-menor**

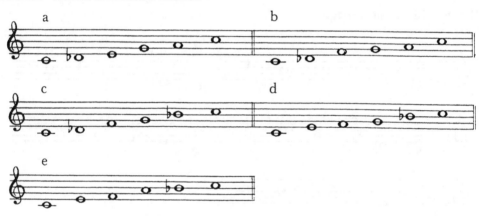

18.5.12 **Modo armónico-frigio**

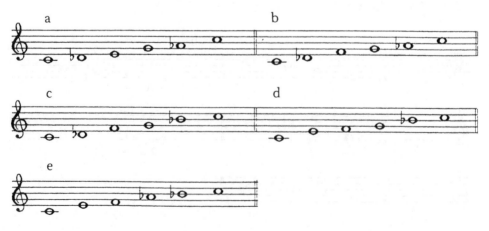

18.5.13 Modo armónico-lidio

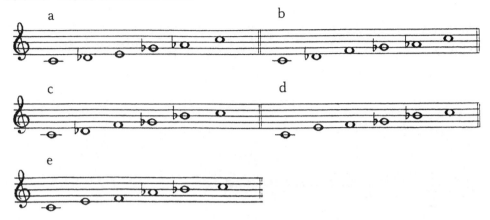

18.5.14 Modo armónico-armónico

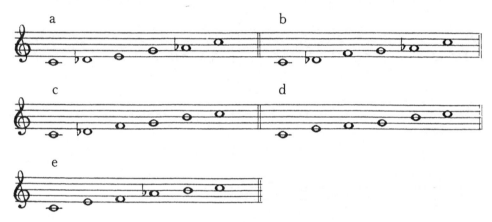

18.5.15 Modo mayor-armónico

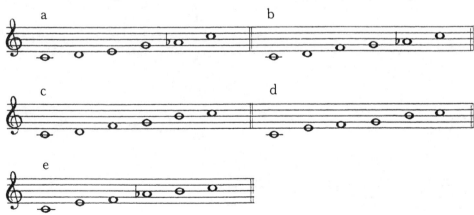

18.5.16 **Modo menor-armónico**

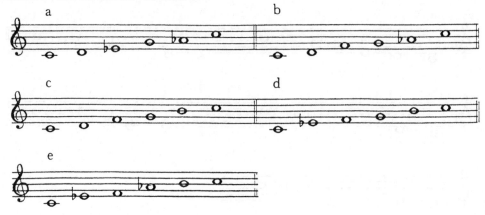

18.5.17 **Modo frigio-armónico**

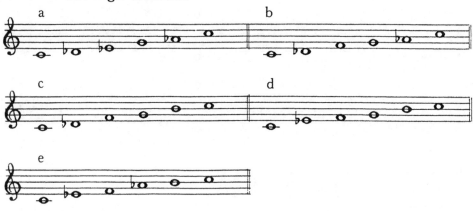

18.5.18 **Modo lidio-armónico**

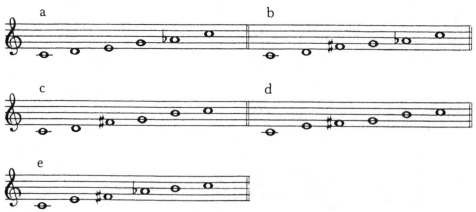

Utilizando las escalas Zíngara y la Oriental como base, también se pueden crear cinco escalas pentatónicas, aunque sólo algunas posibilidades son realmente nuevas.

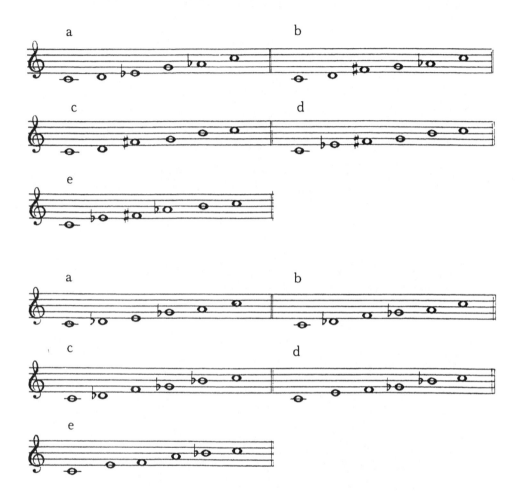

Muchas más se podrían obtener usando combinaciones que en un principio se descartaron por omitir dos grados consecutivos, o tener uno aislado, pero lo más normal es la utilización de las pentatónicas procedentes de los modos naturales.

APENDICES

Apéndice A

LOS ACORDES TRIADAS

Se forman por la superposición de dos terceras sobre una nota (fundamental) tomada como base y se clasifican en especies: Mayor, menor, aumentado y disminuido.

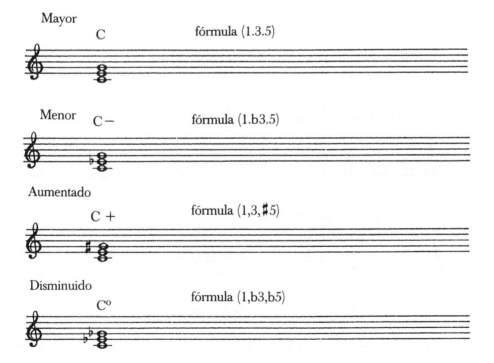

Mayor   C   fórmula (1.3.5)

Menor   C−   fórmula (1.b3.5)

Aumentado   C +   fórmula (1,3,♯5)

Disminuido   C°   fórmula (1,b3,b5)

LOS ACORDES CUATRIADAS

Se forman por la superposición de una tercera sobre un acorde tríada. Se clasifican en especies:

– Mayor con séptima mayor.   (1,3,5,7)

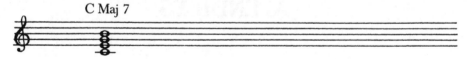

– Menor con séptima menor.   (1,b3,5,b7)

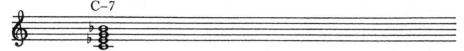

– Mayor con séptima menor.   (1,3,5,b7)

– Aumentado con séptima menor (1,3,♯5,b7)

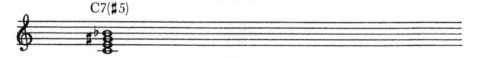

– Disminuido con séptima menor (1,b3,b5,b7)

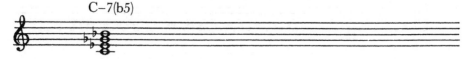

– Disminuido con séptima disminuida (1,b3,b5,bb7)

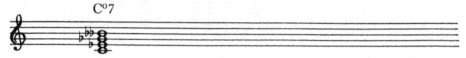

– Menor con séptima mayor. Raro uso. (1,b3,5,7)

Aumentado con séptima mayor. Raro uso. (1,3,♯5,7)

C Maj 7 (♯5)

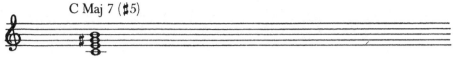

Casos especiales:

— Mayor con sexta

C6

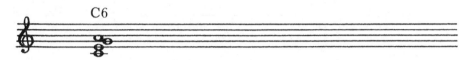

— Menor con sexta

C – 6

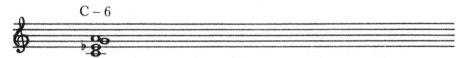

Estas dos últimas especies se consideran una modificación de los acordes "Mayor con séptima mayor" y "Menor con séptima mayor" respectivamente.

LAS TENSIONES

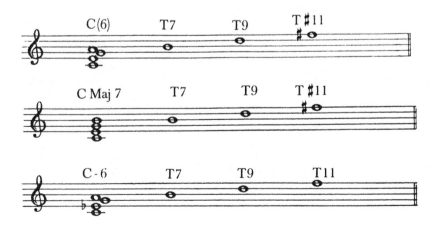

251

Apéndice B

LAS ESCALAS

Las más importantes son:

Mayor (Jónica)

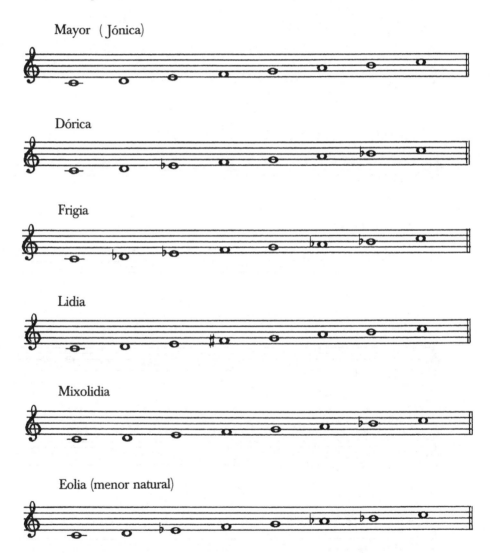

Dórica

Frigia

Lidia

Mixolidia

Eolia (menor natural)

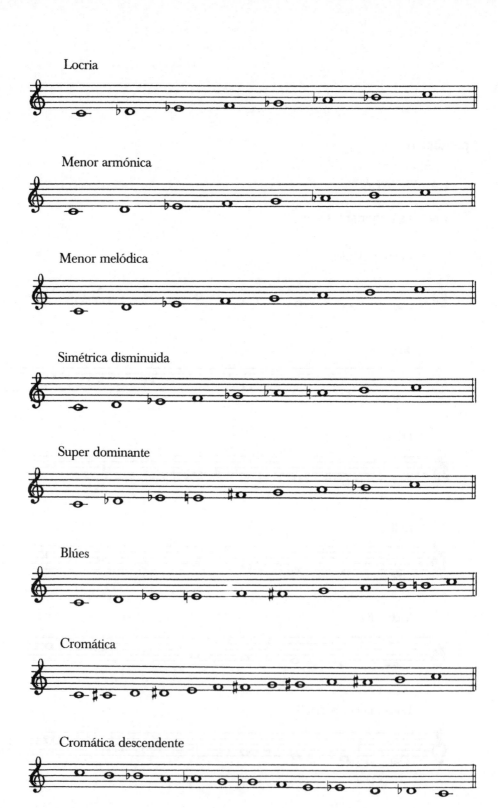

Pentatónica (Mayor)

Pentatónica menor

Arabe

Tonal

Dórica Alterada

Lidia b7

Apéndice C

RELACION ESCALA-ACORDE

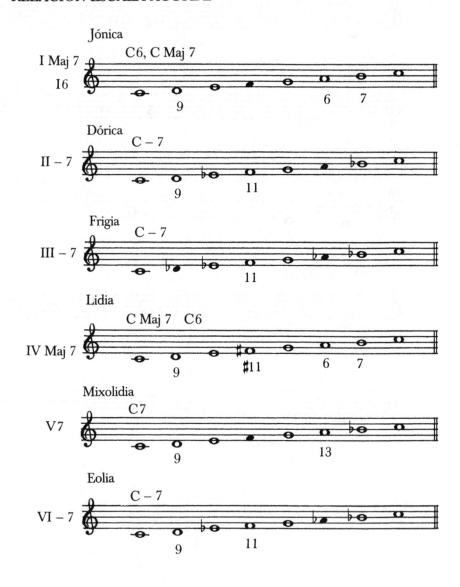

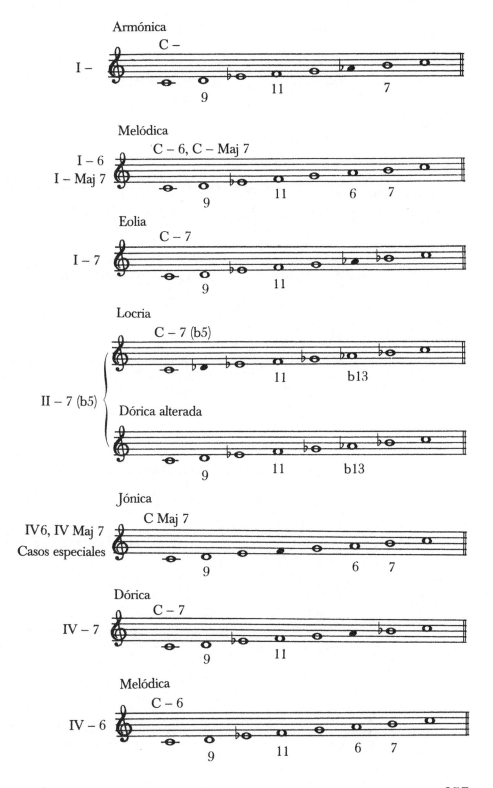

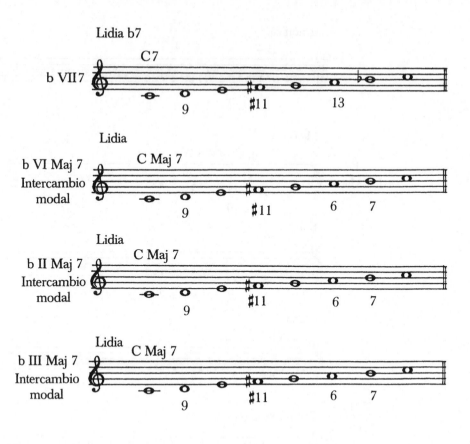

Acordes especiales referidos al tono de Do

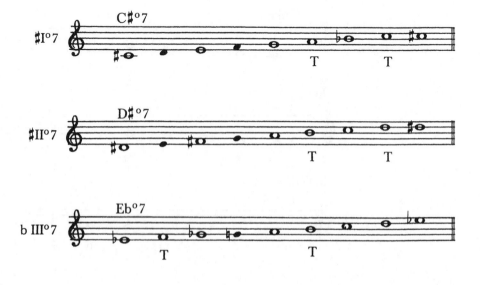

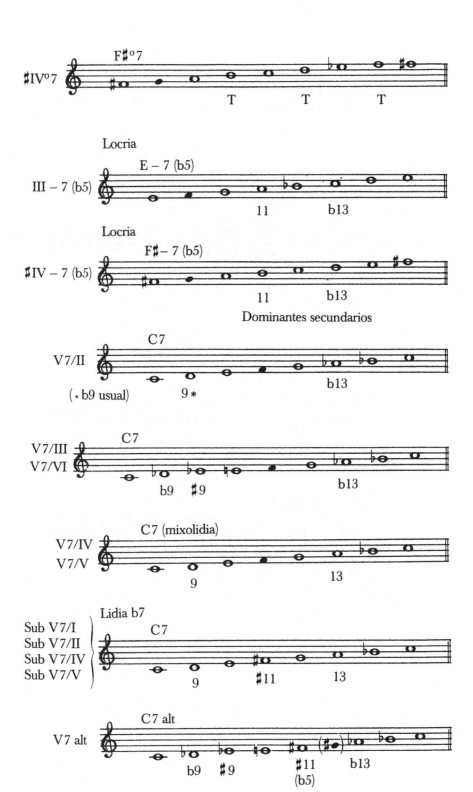

Tonal

V 7 (♯5)
V 7 (b5)

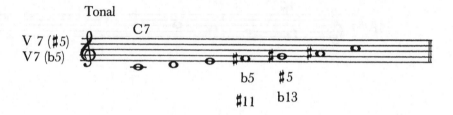

C7

b5   ♯5
♯11   b13

Mixolidia

V7 sus 4

C7 sus 4

9   13

Escalas artificiales

Simétrica disminuida

C°7

T   T   T   T

Super dominante

C7 b9
   ♯11

b9   ♯9   ♯11   13

260